民國歷史與文化研究

十八編

第 **9** 冊

弘一法師人格與書法研究（上）

嚴 崑 晉 著

花木蘭文化事業有限公司

國家圖書館出版品預行編目資料

弘一法師人格與書法研究(上)／嚴崑晉 著 -- 初版 -- 新北市：
花木蘭文化事業有限公司，2024〔民 113〕
目 10+152 面；19×26 公分
（民國歷史與文化研究　十八編；第 9 冊）
ISBN 978-626-344-638-0（精裝）
1.CST：釋弘一　2.CST：學術思想　3.CST：書法
628.08　　　　　　　　　　　　　　　112022507

ISBN-978-626-344-638-0

9 786263 446380

民國歷史與文化研究
十八編　第 九 冊　　　　　　　ISBN：978-626-344-638-0

弘一法師人格與書法研究(上)

作　　者　嚴崑晉
總 編 輯　杜潔祥
副總編輯　楊嘉樂
編輯主任　許郁翎
編　　輯　潘玟靜、蔡正宣　美術編輯　陳逸婷
出　　版　花木蘭文化事業有限公司
發 行 人　高小娟
聯絡地址　235　新北市中和區中安街七二號十三樓
　　　　　電話：02-2923-1455／傳真：02-2923-1452
網　　址　http://www.huamulan.tw 信箱 service@huamulans.com
印　　刷　普羅文化出版廣告事業
初　　版　2024 年 3 月
定　　價　十八編 22 冊（精裝）新台幣 55,000 元　　版權所有 · 請勿翻印

弘一法師人格與書法研究(上)

嚴崑晉　著

作者簡介

嚴崑晉，臺灣省臺南市人，崑山工專電機科畢業，退伍後於東元電機中壢廠任職。後轉換跑道，先後畢業於輔仁大學中文系、台南大學國語文學系碩士班、高雄師範大學國文系博士班。於輔大求學期間，拜國學、書畫大師王靜芝教授為師，學習書藝。王師辭世後，轉師事鹿港書家施隆民教授至今。碩論論題為《以翰墨為佛事——南宋書家張即之研究》，博論論題為《弘一法師人格與書法研究》。

提　　要

「弘學」之研究主要有四個面向：生平事蹟、藝術成就、道德人格、佛學思想。其中道德人格之研究成果相對貧脊，故研究弘一法師之道德人格，以填補研究不足，為本論文之目的。

本論文之研究主要有兩大主軸，即以弘一法師的人格為主，書法為輔，並以書法理論「書如其人」說為依據，藉由兩主軸間之對比，說明弘一法師人格與書法之互濡關係。

在人格主軸中，首先交代弘一法師的生平，具體劃分為五個時期，並在生平事蹟之基礎下，說明弘一法師的人格發展，基本是以儒家文化人格為主。接著，透過弘一法師之詩文、書信、時人的回憶文章等等，具體指出弘一法師的人格修養與人格特質。

在書法主軸中，以弘一法師的生平為基礎，敘述弘一法師的學書歷程，具體劃分為兩大階段七個時期，著重在說明弘一法師的師承交游與書法風格之變化，並概述弘一法師重視書家品德之書法學習觀，使書法主軸較為完整。

至於作為兩個主軸對比依據之書法理論，則先概述「書如其人」說之發展，從而特立一節專論劉熙載「書如其人」觀之要點，並以其結論作為判準，即從「學、才、志」，對比弘一法師的人生際遇與弘一體之形成過程，皆是「從絢爛歸於平淡」。其次，從「書如其人」，對比弘一體之特點與人格特質中的外形觀感，論述「平淡、恬靜、沖逸」既是書法風格，也可用來形容弘一法師他自己，誠為「書如其人」之典範。

誌　謝

　　研究弘一法師的人格與書法，愈是深入，愈是感到自己學識的淺薄與不自量力。加上先前題目難定，放棄數年，日後重拾，又為生計所逼迫，工作之餘能撰寫論文的時間不多，終礙於修學年限，不得不憂然而止。

　　這本論文，初審時只有一百四十三頁，不僅單薄，更是問題重重。感謝林登順老師、郭芳忠老師與指導教授林晉士老師，用一種和善謙虛的語氣，像討論般似地給予我不少寶貴意見，尤其是晉士老師的幽默風趣，為現場增添不少歡笑聲，也多少撫慰曾在南大研討會上所受的心理創傷，初審完後，內心滿滿的感激。

　　在申請口考前的三個月期限中，因安心上工主管的美意，工作之餘給予我充分時間，讓我得以將初審意見一一修改；改著改著，就這麼改頭換面了。完成時有說不出來的感動與歡欣，所以口考本中，我寫了誌謝，記錄著這段心路歷程。

　　口考當天，久違地見到王頌梅老師，有著說不出來的開心，但是太緊張了，當輪到老師講評時，第一句話問說：「崑晉，我們多久沒見面啦？」腦中一片空白，說不出半句話來。在高師大修課修教程，是應規定而修，惟獨頌梅老師開的課，即使我已修滿學分，亦不容錯過。只是老師的詩與詞隔年對開，所以修老師蘇辛詞時，我已是六年級。之後辦休學，待到口考再見到老師時，算算也有三年多吧！謝謝頌梅老師在口考後對我的關心與鼓勵，至今回想起，內心滿滿的溫暖。

　　最讓我感到愧疚的是，身為指導教授施隆民老師的書法門生，不僅書藝不精進，還讓老師等了九年，等到都退休了，我才倉促地完成這本不成熟的

論文，但是也因此得以見到老師。感覺上老師老了不少，更加深了我內心的愧疚。因此，很感激孫永忠老師陪同已近八十的施老師從台北坐車下來，也在口考中指出我論文難以理解之處。依目前的學力，恐怕是無法處理，盼未來能重新來過，更期盼能拋磚引玉，有更多人來研究弘一法師的道德人格，這畢竟是令後人感懷追思的主要原因。

　　最後，謝謝我自己，加油。

目

次

第一章　緒　論

　　弘一法師李叔同（1880～1942）是清末民初四大高僧之一，也是近代一位傳奇性的人物。出身於富商之家，於詩詞、書法、篆刻、西畫、音樂、戲劇等多方面的藝術成就令時人驚嘆。時正值內亂外患頻仍、中西文化思想革命的動盪時代，於憂國傷時之際，秉持文藝能移風易俗之信念留學日本，後投身教育事業，在杭州任教期間，為中國早期的藝術教育培育出不少人才，後人譽為「中國近代藝術之父」。〔註1〕然而，卻於中年出家，為文藝界帶來極大的震撼與友生們的不解、不捨。出家之初，盡棄舊時業習，不復究心諸藝，精研華嚴教理，老實念佛。後因范古農居士勸請，重拾書藝，以書法弘化，為有情種下淨因，留下大量書寫佛經法語之墨寶，尤以華嚴、淨土經論之文句居多。又深感當世戒律廢弛，發願學戒弘律，數度閉關，整理出《四分律比丘戒相表記》、《南山律在家備覽略編》等相關律學著作，以中興「南山律」，佛門推尊為「重興南山律宗第十一代祖」。〔註2〕

　　以下，為了行文方便，凡是提到弘一法師稱謂時，出家前以「李叔同」、「叔同」稱之，出家後以「弘一法師」、「弘一」稱之。

第一節　研究動機與目的

　　弘一法師圓寂（1942）至今已有八十載，這幾十年來，是從人們對其感懷追思漸漸走向學術研究的歷程。這段歷程，業露華先生在〈九十年代弘一

<hr>

〔註1〕許常惠：《中國音樂史話》（臺北：百科文化事業公司，1982年），頁92。
〔註2〕妙蓮法師、弘一法師生西紀念會：〈弘一老法師訃告〉，轉引自秦啟明《弘一大師新傳》（南京：江蘇人民出版社，2012年），頁2。

大師之研究〉一文中，以八〇年代作為分水嶺，從大師出家起以至圓寂而後中國文化大革命開始，這期間是一個階段，以感懷追思為主。文化大革命之後，中國思想解放運動蓬勃發展，學術思想和學術環境寬鬆，促進學術研究的開展。除延續前一階段定期地舉辦紀念活動迄今，自九〇年代開始，在大師曾經駐錫過的地方，先後建立紀念館、研究機構，並配合紀念活動舉辦學術性的研討會，從而展開之研究，主要有三個面向：生平事蹟的追述、藝術造詣與成就之論述與道德人格。〔註3〕

在生平事蹟的追述方面，主要成績有《李叔同》、《禪燈夢影》、《弘一大師永懷錄》、《弘一大師年譜》、《弘一大師傳》、《弘一大師法集》、《弘一大師全集》等資料彙編性質之文獻出版，收集弘一法師遺作；亦有金梅《李叔同影事》考證性質之文獻，對以訛傳訛之生平事蹟加以考辨和訂正。此外，弘一法師傳奇的人生故事，由北京一輪明月文化藝術交流中心與泉州廣播電臺聯合製作，拍攝成電影「一輪明月」，在中國大陸上映。〔註4〕由上述可見，這方面的研究，成果斐然。

在藝術造詣與成就之論述方面，舉凡音樂、繪畫、戲劇、金石、書法等皆有文章發表，是研究的熱點，至今已有不少期刊論文與學位論文，以弘一法師在藝術方面的造詣為題發表，並有陳星《李叔同歌曲尋繹》、徐正綸《弘一大師詩詞全解》等詮釋解析性質之文獻出版。其中尤其是書法方面的成績最高，文獻之多，難以枚舉，在下一節文獻探討中，將擇要說明。

在道德人格方面，裔河先生在《律義粗言》一文中強調弘一法師對戒律的嚴格持守，為末法時代濟世的行表。果忠法師在《斯人宛在，風範長存》一文中對弘一法師的孝德和愛國情操作分析。〔註5〕日後，1972年，吳本一〈白馬湖晚晴山房與弘一大師的修養及感化〉發表於《浙江月刊》；〔註6〕1999年

〔註3〕業露華：〈九十年代弘一大師之研究〉，《弘一大師人格思想論文集》（臺北：弘一大師紀念學會，2008年），頁289～305。

〔註4〕陳家木總導演；路奇導演：《一輪明月》（北京：一輪明月文化藝術交流中心，2004年3月拍攝，2005年8月上映），資訊來源：弘一大師弘法資料平台｜一輪明月　弘一法師｜Facebook：https://www.facebook.com/groups/168977519 1245294/posts/2327853824104091/

〔註5〕轉引自業露華：〈九十年代弘一大師之研究〉，《弘一大師人格思想論文集》，頁301～302。

〔註6〕吳本一〈白馬湖晚晴山房與弘一大師的修養及感化〉（1）～（2），《浙江月刊》第二、三期，1972年2月、3月，頁20～22、頁14～16。

在臺灣舉行的第三屆「弘一法師德學研討會」上，有于凌波〈弘一大師人格範式對當代佛門緇素的影響〉與李璧苑〈試探弘一大師書信稿中的人格風範〉兩篇論文發表，後收錄於 2008 年出版的《弘一大師人格與思想論文集》之中。〔註7〕2001 年，金梅〈李叔同人格力量之表現〉發表於《文學自由談》期刊。〔註8〕2004 年，吳聰敏〈人品與書品的統一——以弘一大師的書藝為例〉發表於《國立臺中護理專科學校學報》第三期。〔註9〕而在「中國期刊全文數據庫」查詢以李叔同或弘一法師之人格為主題發表之期刊論文，約有十二篇。相較於上述兩大面向，道德人格這一面向的研究，卻是相當貧瘠。另外，從第三屆弘一法師德學研討會所發表的論文可知，弘一法師的思想，諸如戒律、淨土、華嚴等等，已是研究的焦點，而成為另一個新的面向。

就筆者研讀相關文獻之觀察，不論是生平事蹟之敘述，或是藝術造詣成就之探討，以及新面向的弘一法師思想，幾乎每一篇之論述都無可避免地談及弘一法師的道德人格、人格風範；大至一小節，小至隻言片語地提及，可見弘一法師的道德人格才是主體，但目前的研究焦點卻落在生平事蹟與書法藝術上，令人感到本末倒置與惋惜。

筆者認為，弘一法師雖然在三十九歲出家前，於音樂、美術、戲劇、書法、篆刻等方面，均取得令人注目的成就，但是出家以後，諸藝盡疏，唯勤於書法，以作為接引眾生之工具，不再用心於書道上。如在寫給許晦廬的信中說道：「朽人剃染已來二十餘年，於文藝不復措意」〔註10〕，又在寫給馬冬涵的信中說：「朽人於寫字時，皆依西洋畫圖案之原則，竭力配置調和全紙面之形狀。於常人所注意之字畫、筆法、結構、神韻，乃至某碑、某帖、某派，皆一致摒除，決不用心揣摩。」〔註11〕由此可知，這句話是形成其書字為單一面目的重要因素。今日吾人將弘一法師視為近代大書家，決非法師出家之本意，而法師能令時人懷念至今，除了書法以外，更多的是他的高尚品德、待

〔註7〕于凌波與李璧苑之論文，收錄於《弘一大師人格思想論文集》。

〔註8〕金梅：〈李叔同人格力量之表現〉，《文學自由談》，2001 年 01 期，201 年 1 月，頁 134～143。

〔註9〕吳聰敏：〈人品與書品的統一——以弘一大師的書藝為例〉，《國立台中護理專科學校學報》第三期，2004 年 9 月，頁 105～124。

〔註10〕致許晦廬（一九三八年秋，泉州溫陵養老院），《弘一大師全集‧八》（福建：福建人民出版社，1992 年），頁 251。

〔註11〕致馬冬涵（三通）‧一（一九三八年舊十月二十九日，泉州承天寺），《弘一大師全集‧八》，頁 252。

人處世與愛國護教情操，這在生平事蹟方面研究的文章、傳記小說裏隨處可見。

基於上述，研究弘一法師的道德人格，以填補研究之不足，即為本論文之研究動機。

不過，一個人的品德、人格修養、生命境界是看不見的，但在其所抒寫心志之詩文，互通消息的書信，以及與人的互動、相處中，時人回憶性文章等等，皆可窺得一二。而且，人格的形成與發展，與其成長的家庭、所處的社會文化環境，以及師承交游等等有關。因此，研究弘一法師在傳統家庭教養下所形成的文化人格、成長過程中的師承交游對其人格發展之影響，以及在所處的時代，因應動盪政局、文化變遷之作為、人格修養之表現，是為本論文之研究目的。

此外，人格亦可藉由像書法這般能表現書家性情、心靈境界的藝術形式，從作品中感受到些許。弘一法師留下大量書蹟，其書風變化能否對應其生命歷程；其人格修養對生命境界之提昇，在書藝上所呈現的面容為何，皆為本論文之研究目的。

最後，依據書法理論「書如其人」說，研究弘一法師人格與書法之互濡關係，所謂的「書如其人」在弘一法師身上是否能成立，亦為本論文之研究目的。

第二節　研究範圍

在上一節已經提到，弘一法師之研究至今已有四大面向，而每一個面向亦有不少的文獻資料出版及研究成果發表，今欲以弘一法師之道德人格為研究面向，本論文所依據之文獻資料雖然四大面向皆會涉及，但不可能全面包括，故所使用之文獻範疇需要作一說明。此外，本論文研究思路在於人格與書法兩個主軸，以人格為主，書法為輔，並藉由「書如其人」以說明人格與書法之互濡關係。不過，「人格」是心理學之重要領域，因學派不同而各自有其人格理論，然而中國傳統文化亦有與人格理論相近者，在如此眾多理論與不同文化背景之下，對人格理論之使用須作一選擇與說明。「書如其人」是書法理論中之重要命題，須先對「書如其人」一詞作一義界，以明本論文探究之對象，至於理論形成發展與主要觀點，將特立一章以概說。今分述如下：

一、文獻範疇

　　弘一法師李叔同在未出家之前，已有詩文、歌曲、書法篆刻等作品，或是寫贈或是集結成冊出版，其在文學藝術領域上的卓越表現令世人周知。出家後世人之所以認識「弘一法師」，主要是得力於夏丏尊先生宏揚流布之功，常撰文章介紹法師的生活近況及抒發一己觀感，又利用其在上海開明書局工作之便，出版多種法師著作，如《中文名歌五十曲》（1927）、《護生畫集》（1929）、《李息翁臨古法帖》（1929）、《華嚴集聯三百》（1932）、《清涼歌集》（1936）、《續護生畫集》（1940）。另外，經夏先生引薦得以謁見弘一，因此而由感而發，撰文稱揚法師者，如葉紹鈞〈兩法師〉、〈弘一法師的書法〉，日人內山完造〈弘一律師〉等，這些文章使法師名聲遠播，亦對廣大的青年知識分子產生極大的景仰與影響。〔註12〕

　　弘一法師圓寂後，夏丏尊發起「弘一大師紀念會」，蒐輯各方記述法師行誼及哀誄之作，匯集成《弘一大師永懷錄》。日後，隨著追悼會、紀念性活動、展覽的舉辦，紀念會、研究機構的成立，從而出版紀念性之刊物與相關建設。1966年5月至1976年10月中國文化大革命，這期間未有任何活動，而在臺灣則有蔡念生居士在擔任《中華大藏經》總編纂期間所彙編的《弘一大師法集》，由臺北新文豐出版社於1976年出版，二十五開精裝本共六冊，為最早的一部資料匯編性質文獻。八〇、九〇年代開始，除了法師遺著持續出版之外，海峽兩岸以弘一法師誕辰一百週年、一百一十週年為契機，展開各項的紀念活動，並有紀念性質刊物的出版與相關建設。其中，以《弘一大師全集》的出版，為日後研究者提供相當的便利性。《弘一大師全集》是繼《弘一大師法集》之後的一部資料彙編性質文獻，也是近幾十年來相關弘一法師文獻資料之集大成之作。〔註13〕

<hr>

〔註12〕戴嘉枋：〈論弘一大師與夏丏尊先生之法緣〉，《弘一大師有關人物論文集》（臺北：弘一大師紀念學會印贈，1998年），頁67～98。

〔註13〕1986年，福建陳珍珍居士倡議為弘一法師出版全集，得到法師弟子圓拙法師的全力支持，函請北京佛教學者、林子青先生主持編輯工作，於泉州開元寺成立《弘一大師全集》編輯委員會，並禮請趙樸初先生擔任總顧問及為全集題簽。1987年編輯工作全面開展，計畫出版一千二百部，經多年的倡印募款，於1992年農曆9月4日弘一法師圓寂五十週年紀念會上問世。這部十六開精裝本的全集，分佛學、傳記、序跋、文藝、雜著、書信、書法、附錄等八卷共十冊。總字數為八百萬餘字，尚有大量的書法、金石及其他圖片、照片，為往後開展的研究工作提供許多珍貴的資料。詳細的出版經過，可參閱陳珍珍：

　　以上，自四〇年代至九〇年代所出版的遺著、紀念性刊物及相關建設，可參閱「附錄二」之整理。自 1992 年以後，由於紀念性活動定期的舉辦，至今仍持續地有紀念性刊物的出版，而法師的遺著、書信、作品集在前列文獻之基礎下，亦不斷地推陳出新，為免繁瑣，不再贅述。

　　由上述文獻資料出版概況可知，相關弘一法師之文獻資料種類繁多，再加上今人之研究發表，所涉及之範圍甚廣，故本論文主要依據之文獻概分為以下幾類：

（一）彙編性質文獻

　　彙編性質文獻以收錄弘一法師在世時著作、書信、藝術創作為主，兼及時人紀念性質文章，今列舉主要依據者，如下：

蔡念生彙編：《弘一大師法集》六冊（1976 年）

《弘一大師全集》編輯委員會主編：《弘一大師全集》十冊（1992 年）

李芳遠編：《弘一大師文鈔》（1976 年）

中華閩南文化研究會：《弘一大師圓寂六十二周年紀念文集》（2004 年）

雷燕青主編：《中國人的禪修》（2014 年）

曾議漢選編：《人間愛晚晴——弘一大師詩文鈔》（2016 年）

財團法人佛陀教育基金會印贈：《弘公道風》（2020 年）

（二）書信集

　　弘一法師之書信，雖然經《弘一大師全集》編輯委員會從各方大力徵集，集中在《弘一大師全集》第八冊「書信卷」，但仍不是最完整，尚有遺漏者，而且多為印刷體，手寫墨蹟之書信稿並不多見，故仍須旁參目前已出版之弘一法師書信集作為輔助，計有如下幾種：

弘一大師紀念會：《晚晴山房書簡》（1944 年）

劉雪陽與豐子愷合編：《弘一大師書信手稿選集》（墨蹟本）（1990 年）

戈悟覺編：《弘一大師溫州蹤跡》（2000 年）

〈佛教重大的編纂工程——記《弘一大師全集》問世始末〉一文，收錄於《弘一大師圓寂六十二周年紀念文集（非賣品）》（臺北縣：中華閩南文化研究會，2004 年），頁 15～19。此外，陳珍珍居士（1920～）是受弘一法師德學和人格影響的當代居士之一，于凌波在〈弘一大師人格範式對當代佛門緇素的影響〉一文中記述其生平，以及為弘一法師出版全集的大願與出版之過程。收錄於《弘一大師人格與思想論文集》，頁 320～322。

　　以上所列之書信集，陳星〈弘一大師書信考〉四篇，於《普門學報》第四期起連載，可作為書信真偽之考證參考。

　　（三）賞析性質文獻

　　弘一法師詩詞、歌曲、音樂理論、書法篆刻等，皆有作品存世，因此而有相關賞析、考證之論著出版，可提供研究者之參考，今列舉主要依據之專著如下：

　　秦啟明著：《弘一大師李叔同音樂集》（1991 年）

　　錢仁康編著：《弘一大師歌曲集》（1993 年）

　　徐正綸編著：《弘一大師詩詞全解》（2002 年）

　　洪文慶主編、崔衛著：《書藝珍品賞析・民國系列・李叔同》（2004 年）

二、人格理論範疇

　　「人格」一詞如同「文化」、「哲學」、「文學」等詞彙一樣，是個外來的人文科學術語。美國學者 B.R.赫根漢從語源學角度指出：

> 人格這個術語來自拉丁詞 persona，是面具的意思。把人格定義為面具等於把人格視為人的社會自我，正是人的這一方面被人用來向社會顯露他自己。這個定義隱含著這樣的意思：由於種種原因，人還有某種隱秘的東西沒有被顯露出來。〔註14〕

B.R.赫根漢認為把人格定義為面具，具有顯露性與隱秘性之雙重特點。面具是舞臺上扮演角色所戴的特殊道具，明示戲中角色的特定身份。面具化用為人格，意指一個人內在自我的對外表現，具有雙重性，有假定的、非本質的、外在的顯在性，也有真實的、本質的、內部的隱在性。〔註15〕

　　「人格」的顯在性，西方學者是從倫理學和法學的角度呈現，各自有其對人格之定義。「人格」的內隱性，是隨著科學心理學之建立、發展與成熟，才得以彰顯，並形成人格六大學派，衍生出眾多的人格理論，〔註16〕各自提出定

〔註14〕美國 B.R 赫根漢著、鄭雪譯：《現代人格心理學歷史導引》（河北：河北人民出版社，1988 年），頁 1。

〔註15〕陳仲庚、張雨新：《人格心理學》（臺北：五南圖書出版公司，1995 年），頁 2～3。

〔註16〕Jerry M. Burger 著；林宗鴻譯：《人格心理學》（臺北：揚智，1997），頁 5～6：「六大類人格理論取向，包括人格分析論、特質論、生物論、人本論、行為／社會學習論，以及認知論。雖然這種分類法不見得是最完美的，但是多數的人

義（參閱附錄三），然至今仍無一致的看法。

大致而言，西方心理學中的人格（personality）一詞是指一個人相對穩定的心理和行為特徵，其形成與先天的遺傳、家庭與社會文化環境有關。在這概念中沒有提到道德品質的含義，與人的價值、尊嚴亦無關涉。

中國古代無「人格」一詞，〔註17〕但中國古代關於「人格」觀念的表達，諸如人的「品」、「質」、「格」的思想和論說卻豐富而久遠。如《禮記・緇衣》中有「言有物而行有格也，是以生則不可奪志，死則不可奪名」，〔註18〕此是對君子品格之言說；《史記》中有伯夷、叔齊「義不食周粟」以致餓死的故事，〔註19〕乃獨立人格意志之表現。中國古代大儒孔子、孟子、朱熹、王陽明等皆有人性論、人品論、道德倫理思想等人格概念的闡釋。

由此可見，中國傳統文化體系中，「人格」主要以「人的品格」，即道德人格的語境和意蘊表述。隨著近代「personality」一詞從西方傳入日本，又由日本傳入中國，〔註20〕近代中國學者如梁啟超、王國維、吳虞等人，在使用「人格」一詞時，多以倫理道德作為價值評判的標準。〔註21〕

格理論大概都可以歸類於六大理論的其中之一。……精神分析派的心理學家認為人類的潛意識對於行為類型間的差異有重要的影響。特質學派的心理學家則認為所有人都可以用某些特定的連續性人格向度來描述。支持生物學派的人則認為遺傳與生理機制是解釋人格差異的最大利器。相反的，人本學派認為個人的責任與自我接受感是造成人格差異的主要因素。至於行為／社會學習派則認為一致性的行為類型是習自於個體所處環境的習慣。而認知學派則是以個體處理訊息方式的不同來解釋行為的差異。」

〔註17〕古代漢語無「人格」此一語詞，中國古籍也未嘗出現。鄧曉芒先生考查 1979年商務印書館出版之《辭源》與 1980 年上海辭書出版社之《辭海》，均缺「人格」詞條（鄧曉芒：〈人格辨義〉，《江海學刊》1989 年第 3 期（總第 141 期），頁 121。）。汪鳳炎先生亦遍查商務印書館 1983 年 12 月修訂版《辭源》，未能發現「人格」一詞。且據該《辭源》之「出版說明」所述，《辭源》收詞一般止於鴉片戰爭（1840A.D.），故推測「人格」一詞，在 1840 年以前的中國典籍裡可能沒有出現（汪鳳炎、鄭紅：《中國文化心理學》，廣州：暨南大學出版社，2008 年第 3 版，頁 404～434）。

〔註18〕〔清〕孫希旦撰；沈嘯寰、王星賢點校：《禮記集解》（北京：中華書局，1998年），頁 1330。

〔註19〕〔漢〕司馬遷撰；〔唐〕張守節正義、司馬貞索隱；〔宋〕裴駰集解：《史記・伯夷列傳》（臺北：天工書局，1985 年），頁 2121～2129。

〔註20〕黃希庭：《人格心理學》（臺北：東華書局，1998 年），頁 5。

〔註21〕梁啟超在《新民說》等文章中，多次提到「人格」、「品格」等詞，如「忠孝二德，人格最要之件也」、「權利思想之強弱，實為其人品格之所關，……貪目前之苟安，計錙銖之小費者，其勢必至視權利如弁髦，此正人格高下垢淨所由分

　　因此，曾紅根據中國人人格的內隱概念（存在中國人心中的關於人格的概念），結合學術概念（英文概念），把人格界定為以個體的穩定的心理行為特徵為基礎的，包含人的價值觀、倫理觀、道德觀在內的心理結構系統。〔註22〕由於曾氏對人格概念之界定能兼容中西方對人格概念的理解，故本論文以之作為對人格概念之定義。

　　此外，文化與人格之形成有著密不可分之關係，西方人格理論畢竟是建立在西方文化之背景下，其對於人格結構、形成因素及人格類型之研究結果，必然帶有濃厚之西方文化色彩。其人格理論針對的是個人，注重研究個體間之差異，對於個體之發展，個人之心理健康問題與相應之諮詢、治療，對個人生涯的發展等等，有較為廣泛而深刻之研究。〔註23〕

　　中國傳統文化對人民人格之影響，主要在於強調對理想人格之追求。所謂的「理想人格」，韋政通先生認為：「理想人格實際上是指一種代表性人格（reperesentative personality），為少數人所共有，表現文化精神或菁華人格，與主要制度相整合，從根本內涵上講指人格理想化的典範和目標。」〔註24〕中國

也」、「大抵中國善言仁，而泰西善言義。……仁焉者多，則仁於人者亦必多，其弊可以使人格日趨卑下」、「豈不以為區區小節無關大體乎，而不知制之有節，行之有恆，實為人身品格第一大事」（《飲冰室專集之四》，《飲冰室合集》典藏版全 41 冊，北京：中華書局，2015 年。所舉之例所在頁碼，依序為「第六節　論國家思想」頁 18，總頁碼 5000；「第八節　論權利思想」頁 33～34，總頁碼 5014～5015；「第八節　論權利思想」頁碼 35，總頁碼 5017；「第十節論自治」，頁 53，總頁碼 5035。）

王國維將「人格」運用於屈原研究，相繼撰寫了《文學小言》和《屈子文學之精神》，以論屈子人格之道德倫理內涵。如在〈文學小言〉中說道：「三代以下之詩人，無過於屈子、淵明、子美、子瞻者。此四子者若無文學之天才，其人格亦自足千古。故無高尚偉大之人格，而有高尚偉大文章者，殆未之有也。」（《中國近代文論選》，臺北：木鐸，1988 年，頁 768。）

吳虞在〈吃人與禮教〉一文中，批評漢將臧洪「怎麼自己想做義士，想身傳圖像，名垂後世，卻把他人的生命拿來供自己的犧牲，殺死愛妾，以享兵將，把人當成狗屠呢？這樣蹂躪人道，蔑視人格的東西，史學家反稱許他為『壯烈』，同人反親慕他為『忠義』，真是是非顛倒、黑白混淆了。」（《吳虞集》，成都：四川人民出版社，1985 年，頁 167～171。）

〔註22〕曾紅：《儒道佛理想人格的融合──中國文化心理結構》（濟南：山東教育出版社，2010 年），頁 2。

〔註23〕Robert M. Liebert & Lynn Langenbach Liebert 著；張鳳燕、楊妙芬、邱珍琬、蔡素紋譯：《人格心理學──策略與議題》（臺北：五南圖書公司，2002 年），頁 6～7。

〔註24〕韋政通：《儒家與現代中國》（上海：上海人民出版社，1990 年），頁 12。

傳統文化是通過塑造理想人格，為普通人設立學習模仿的榜樣，並在嚴密的禮教與社會習尚的配合下，使個人會把「理想人格」所負載的文化模式內化為自己的行為模式，以幫助自己更好地適應社會，因此每一個中國人的身上，都或多或少地存留著「理想人格」的特質。

在中國古代儒、道、佛三家，是影響人民人格最大的理論流派，都各自設計了自己的理想人格：儒家的理想人格是以仁、義、禮、德為核心人格特質的聖人人格；道家則是崇尚自然、寧靜淡泊、脫俗飄逸的審美人格；佛家的理想人格是超塵絕俗、泯滅七情六欲的「超人」。

這三家，大至國家政治體制、文化建設，小到平民百姓的日常生活，無不打上這些思想的烙印。但這三家的「理想人格」都沒有在現實人格中得到充分的體現，而是融三家人格特徵為一體，「進則儒，退則道，隱則佛」，得意時建功立業，失意時亦能自善其身的一種進退從容、寵辱不驚的人格範型成為中國知識份子及眾多民眾追求的理想人格範型。〔註25〕

有基於此，本論文對李叔同人格之形成、發展、特徵等的研究，是以傳統「理想人格」為背景，放在形成的文化環境中考察，不以西方的人格理論作心理學派之分析，只對人格理論之專有名詞，藉助心理學知識作解釋，幫助理解其涵意。

三、「書如其人」義界

「書」字之義，東漢許慎（58～147）以「如」字解釋，《說文解字・敘》云：

> 文者，物象之本；字者，言孳乳而寖多也。箸於竹帛謂之書。書者，如也。以迄五帝三王之世改易殊體，封于泰山者七十有二代，靡有同焉。〔註26〕

許慎既以「箸於竹帛謂之書」，則「書」等同於「文字」。後又以「如」字解釋「書」字，其具體意義，許慎並未闡發，致使「如」字意義不明。清代段玉裁為之注曰：「如其事物之狀也」，段氏是以「像」、「仿」之語意解釋「如」

〔註25〕 曾紅：《儒道佛理想人格的融合──中國文化心理結構》（濟南：山東教育出版社，2010年），頁9、54～55。

〔註26〕〔漢〕許慎撰；〔清〕段玉裁注：《新添古音說文解字注》（臺北：洪葉文化，1998年），十五卷上，頁762。

字，故王鎮遠在《中國書法理論史》中直以「文字取法物像的屬性」詮釋「如」義，〔註27〕至此，「如」字具「像」、「仿」、「取法」等義。

考許慎本有「古者庖犧氏之王天下也，仰則觀象於天，俯則取法於地」、「文者，物象之本」等文字敘述，故置於許慎原文中解釋是可以成立。陳秋宏在〈「書如其人」觀再議〉一文中，從許慎原文的上下文脈察看，「書者，如也」是置之於「箸於竹帛」與「改易殊體」等前後語境中，故文脈中之「如」，指的是文字演變中，字體隨時代而改易的現象，「書者，如也」，是「改易殊體」的歷史現象之反映。〔註28〕總而言之，由許慎對「書」字以「如」字解釋得到幾個詮釋之內容：

一者，「書」字指箸於竹帛之「文字」，亦反映文字隨時代改易的歷史現象。

二者，「如」字具「像」、「仿」、「取法」等義，亦是文字隨時代改易之歷史現象。

關於「書」字，尚有幾家之見。東漢蔡邕（133～192）在《筆論》中說：「書者，散也。欲書先散懷抱，任情恣性，然後書之。若迫於事，雖中山兔毫不能佳也。夫書，先默坐靜思，隨意所適，言不出口，氣不盈息，沉密神彩，如對至尊，則無不善矣。」〔註29〕蔡邕是將「書」字解釋為書法創作活動，指出其與情緒、情懷、精神狀態間的關係，是不能受他事催促，且最好先默坐靜思，使神意和緩再從事書寫。因此，書法創作之關鍵在於「散」，作者性情和緩自在不受逼迫，才適合創作。王鎮遠認為蔡邕提出以「散」作為書法藝術的精神，可以追溯到莊子的藝術思想。〔註30〕

初唐虞世南（558～638）〈書旨述〉云：「書者，如也，述事契誓者也。字者，孳也，孳乳寖多者也。」〔註31〕此見偏重在文字學上的解釋，與許慎之見同，著重其文字記載傳播之社會功能而言。

張懷瓘（713～741）《書斷・上》：「書者，如也，舒也，著也，記也。著明萬事，記往知來，名言諸無，宰制群有，何幽不貫，何往不經，實可謂事簡

〔註27〕王鎮遠：《中國書法理論史》（上海：上海古籍出版社，2009年），頁4。
〔註28〕陳秋宏：〈「書如其人」觀再議〉，《文與哲》第30期，2017年6月，頁27。
〔註29〕黃簡主編；華東師範大學古籍整理研究室選編校點：《歷代書法論文選》（上海：上海書畫出版社，1979年），頁5～6。
〔註30〕王鎮遠：《中國書法理論史》，頁15。
〔註31〕《歷代書法論文選》，頁114。

而應博，豈人力哉。」〔註32〕張氏對書字之釋義廣泛，可以舒散懷抱，表情達意；可以記錄萬事，承載歷史，可以為萬事萬物取名定義，從而宰制。因此書法之功能，小至個人大至群體，其實用性功能相當多元。

　　根據以上之討論，本論文所採用之「書」字之義以蔡邕為主，是指書法創作而言，是書寫之字跡，即由線條、筆法、結體、章法所形成之整體樣貌。「其人」指創作者、書寫者。「書」與「其人」之關係，藉由「如」字作溝通與連結，以「像」、「仿」、「取法」之義為主，不研究字體改易殊體之歷史演變過程。

第三節　文獻探討

　　文獻探討大分為二，一是專書，主要是年譜與文學傳記小說；二是學術論文，分三部分：論文集、期刊論文、學術論文。今分述如下：

一、專　書

（一）年　譜

　　年譜是研究譜主生平事蹟之重要工具。1944 年林子青先生〔註33〕在參考李芳遠先生〔註34〕編訂的《弘一大師年譜》之基礎上，加上自二〇年代所出版之文獻資料，與自己的多方打探、求證，終於完成《弘一大師年譜》。日後，林氏又多方蒐集資料、重新修訂、考證，歷時四十多年，於 1992 年編定《弘一大師新譜》〔註35〕（以下簡稱《新譜》）。截至今日，尚無有另一本年譜能取而代之。

　　不過，秦啟明〈編修年譜要實事求是——評林子青《弘一大師新譜》〉一文，仍認為《新譜》未能實事求是，具體提出「活動時限，未作深究」、「譜文

〔註32〕《歷代書法論文選》，頁 157。

〔註33〕據于凌波〈弘一大師人格範式對當代佛門緇素的影響〉一文中的記述，林子青居士（1910～2002）早年曾落髮出家，法名慧雲。於南普陀寺養正院任教時，正值弘一法師在閩南弘化的時候，與法師時有接觸，對法師景慕之至。當弘一法師圓寂後，慧雲發願為法師編寫年譜，是受弘一法師人格風範影響的當代居士之一。收錄於《弘一大師人格與思想論文集》，頁 317～320。

〔註34〕李芳遠（1923～1981），福建永春人，家居廈門鼓浪嶼。時弘一法師卓錫鼓浪嶼日光巖，偶與李氏邂逅，奇其幼慧，常相往來，故稱他為芳遠童子。法師寂後，李氏集其遺文，編成《弘一大師文鈔》一冊。《弘一大師全集・八》（《弘一大師全集》編輯委員會編，福建：福建人民出版社，1992 年），頁 236。

〔註35〕林子青：《弘一大師新譜》，臺北：東大圖書，2009 年。

記事，不作核實」、「重大活動，說法有誤」、「隨意評說，華而不實」、「收錄著作，不經核查」、「補寫譜後，醉翁非酒」、「故隱芳遠，欲蓋彌彰」、「自我標榜，名實難副」等八大項缺失，在每一大項之下有幾小項，每一小項之下又有幾小點，可說是鉅細靡遺，十分詳盡，可作為使用《新譜》之前的叮嚀與提醒。〔註36〕儘管如此，在尚未有能取代的年譜出現之前，筆者也只能依據林氏《新譜》研究，並期待更好的年譜早日問世。

除了秦先生所指出的缺失之外，筆者在使用《新譜》之際亦面臨幾個問題。一是，難以從《新譜》清楚地了解李叔同的家族背景；二是，《新譜》對時局多記錄重大的政治事件與李叔同之關係，至於社會文化之變遷、佛教之興衰等則著墨甚少。而李叔同身兼兩種身份，俗家的李叔同、出家的弘一法師，且兩種身份都稱得上是精英人才，只從近代史的角度去看李叔同，恐怕是難以周全。雖然不一定要方方面面都在論文中寫到，至少在理解李叔同這一生所處的時代背景時，只依據《新譜》顯然不足。而且，近代史的介紹，不是結論式的記錄就是簡明扼要，仍有不易理解之處。

要了解李叔同為何會被稱譽是開風氣之先者的原因，筆者是從社會文化變遷史理解發展過程，所依據的是《近代中國社會文化變遷錄》〔註37〕（以下簡稱《變遷錄》），採編年記事方式，先記政治事件，再記當時的社會文化的變遷發展，所以可依據《新譜》記載李叔同開風氣之創舉的那一年，從《變遷錄》中，往前追溯、往後探尋，了解開風氣之先的原因。

出家後的弘一法師在佛教界亦是舉足輕重，佛教史或專著是如何認識定位弘一法師亦是需要關切，而弘一法師所敬重的蕅益大師（1599～1655）與印光大師（1861～1941），更是需要認識。這部分的文獻資料甚多，筆者主要是以下列幾本專著作為輔助性史籍：

李向平：《救世與救心──中國近代佛教復興思潮研究》（1993）

鄧子美：《傳統佛教與中國近代化──百年文化衝撞與交流》（1994）

陳兵、鄧子美合著：《二十世紀中國佛教》（2003）

王建光：《中國律宗通史》（2008）

聖嚴法師著，釋會靖譯：《明末中國佛教之研究》（2009）

〔註36〕秦啟明〈編修年譜要實事求是──評林子青《弘一大師新譜》〉，《中國文哲研究期刊》第八期，1996年3月，頁55～103。

〔註37〕李長莉、閔杰、羅檢秋：《近代中國社會文化變遷錄》（杭州：浙江人民出版社，1998年）。

張雪松：《法雨靈岩：中國佛教現代化歷史進程中的印光法師研究》（2011）

（二）文學傳記小說

　　隨著陳慧劍《弘一大師傳》〔註38〕問世，促使弘一法師文學傳記小說之蓬勃發展，幾乎每隔一、二年即有一部傳記小說問世（參見附錄一）。文藝作品雖能吐露作者真實情感，反映當代思潮，但大多是抱持著對法師景仰之情所撰寫，難免會有「為親者諱，為賢者諱」〔註39〕之心理因素，而且文學小說並非站在學術客觀立場撰寫，資料不足之處則加以個人想像而杜撰，甚至神話其人，且所使用的文獻資料大多不註明來源，故難以作為嚴謹之史料看待。因此，在引用之際，筆者當秉持客觀理性之態度，配合相關資料檢視這類文獻。

　　江燦騰〈期待另一本新的弘一大師傳──弘一大師傳記的學術檢討〉一文中，從檢討林子青《弘一大師年譜》資料問題開始，進而審視三本傳記：劉心皇《弘一大師新傳》、陳慧劍《弘一大師傳》與徐星平《弘一大師》，文中對年譜、傳記的優劣之處有具體指陳，是值得作為引用之前的參考與留心之處，並以此作為衡量其他傳記小說之標準。〔註40〕

　　雖然目前已出版之傳記小說甚多，皆有值得參考之處，但有助於本論文研究之傳記小說者，主要有兩本：

1. 田濤《百年家族──李叔同》

　　目前對李叔同家族背景之研究，以田濤《百年家族──李叔同》〔註41〕較

〔註38〕陳慧劍：《弘一大師傳》（臺北：東大圖書，1980 年）。陳慧劍居士（1925～2001），本名陳銳，字劍慧，法名妙悟，以陳慧劍之名行世。陳氏因讀過林子青編輯的《弘一大師年譜》和夏丏尊編輯的《弘一大師永懷錄》而崇拜仰慕弘一法師，為其立傳，以《弘一大師傳》一書參加「中華文化學術基金會」文學獎選拔，獲得「傳記文學獎」獎項。日後於民國八十三年春於臺北成立「弘一大師紀念會」並擔任會長，並舉辦三次國際性「弘一大師德學會議」，終生以宏揚弘一法師德學為職志。于凌波〈弘一大師人格範式對當代佛門緇素的影響〉（收錄於《弘一大師人格與思想論文集》，頁 306～329）一文，概述其生平；「弘一大師紀念學會」網站則有專頁介紹其生平事蹟與著作（https://hongyimaster.blogspot.com/2017/06/blog-post_14.html）。

〔註39〕此語出自《春秋公羊傳‧閔公元年》，乃孔子編纂刪定《春秋》時之原則與態度。

〔註40〕江燦騰：〈期待另一本新的弘一大師傳──弘一大師傳記的學術檢討〉，《當代》第七十九期，1992 年 11 月，頁 134～141。

〔註41〕田濤：《百年家族──李叔同》（臺北：新緒文化出版社，2001 年）。

為深入與周全，該著作性質屬於人物傳記，文中敘述主觀成份居多，重要資料未見註明來源出處，但對於了解李叔同的家族背景能有一定的幫助。

2. 方愛龍《殷紅絢彩──李叔同傳》

方愛龍本身是一位從事書法研究之學者，有不少相關書法領域之論著，因此，方愛龍所撰寫的《殷紅絢彩──李叔同傳》〔註42〕，在人與書法之間的關係上，書法學習、書法作品之賞析等方面，較一般傳記小說著墨更多，有不少可資借鑑參考之處。

二、學術論文

（一）論文集

1.《弘一大師論》

《弘一大師論》〔註43〕收錄陳慧劍自 1991 年 12 月起所發表之論文，計有十篇。所論面向多元，論及弘一法師之棄俗思想、戒律思想、華嚴思想、生命終結哲學等，又對弘一法師是否加入同盟會作一番考證，其他尚有弘一法師不思議行考、名號考釋、身後遺存「字、畫、印」等相關問題研究等。其中相關人格與書法的論文計有兩篇：

（1）〈弘一大師音容綜論〉

〈弘一大師音容綜論〉〔註44〕一篇，專論弘一法師的人格特色，與本論文有關，故略作探討。陳先生先是以《論語》中生徒描寫孔子之十五則語錄為例，說明孔子的人格典範。之後用同樣模式，從與弘一法師相關人物的文字紀錄，分生命前期與後期，歸納出弘一法師的人格特色，最後再與孔子的人格典範作一對比，或與之相當，或略勝之，以顯弘一法師之人格。

不過，陳先生對弘一法師生命前期之人格特色，例舉六篇文章，有兩篇卻沒有標舉出該文章所呈現的人格特色，其他四篇則藉友生之追憶文章中的關鍵字，得出「誠」、「清」、「慈」、「嚴」之人格特色。只是，每項人格特色只以一篇文章為證，恐怕稍欠說服力。生命後期所例舉的六篇文章，也同樣沒有將其人格特色標舉出來。之後十二篇文章與十五則語錄作對比，大多是陳先生的

〔註42〕方愛龍：《殷紅絢彩──李叔同傳》（上海：上海書畫出版社，2002 年）。
〔註43〕陳慧劍：《弘一大師論》（臺北：東大圖書，1996 年）。
〔註44〕陳慧劍：〈弘一大師音容綜論〉，《弘一大師論》，頁 369～399。

主觀論述，可見其敬仰弘一法師之情，卻稍嫌論據不足。然而，作為早期且少數的研究弘一法師人格之論文，在不運用心理學人格理論的前提下，其方法亦有可資借鑑之處。

（2）〈弘一大師身後遺存「字、畫、印」的幾個相關問題〉

〈弘一大師身後遺存「字、畫、印」的幾個相關問題〉〔註45〕一篇，基於自 1980 年以來近十年中，大量弘一法師字、畫、印的「贗品」出現，對字（含畫與印）的真偽問題，分三部分做一徹底探討。大抵皆先分期簡述字、畫、印之風格變化與特點，再提出鑑別的依據與方法以辨真偽，並梳理目前遺作之收藏情形，然後就目前所存在之真偽問題進行探討，其研究成果有利於辨偽，具有學術價值。

2.《弘一法師翰墨因緣》

這是將幾篇從民國 84 年起，發表於《雄師美術》期刊第 294 至 296 期，相關弘一法師之文章，計九篇，集結成《弘一法師翰墨因緣》〔註46〕，於 1996 年出版。其中屬於懷想追思性質文章者有四篇，探究出家心理者有一篇，對弘一法師印論發表心得者有一篇，與書法相關者有三篇：

（1）杜忠誥〈是書非思量分別之所能解──弘一法師書藝讀後〉

此篇〈是書非思量分別之所能解──弘一法師書藝讀後〉〔註47〕，從弘一法師重視品德的文藝觀談起，繼而論及書風變化，最後以弘一法師在〈談寫字的方法〉的演講中，對書法最高境界的形容：「是字非思量分別之所能解」一語，來評價弘一法師的書法境界，對弘一法師的書藝讚嘆到了極點。

（2）李璧苑〈弘一法師出家後書藝發展的歷程〉

此篇〈弘一法師出家後書藝發展的歷程〉〔註48〕，將弘一法師出家後之書藝發展歷程，劃分為三期，並指出弘一法師經書風格具有「靜」、「簡」、「淡」、「讓」、「圓」、「淨」等特色。

〔註45〕陳慧劍：〈弘一大師身後遺存「字、畫、印」的幾個相關問題〉，《弘一大師論》，頁 401～454。

〔註46〕雄獅美術編：《弘一法師翰墨因緣》（臺北：雄獅美術出版社，1996 年）。

〔註47〕杜忠誥：〈是書非思量分別之所能解──弘一法師書藝讀後〉，《弘一法師翰墨因緣》，頁 101～113。

〔註48〕李璧苑：〈弘一法師出家後書藝發展的歷程〉，《弘一法師翰墨因緣》，頁 114～129。

（3）熊秉明〈弘一法師的寫經書風〉

此篇〈弘一法師的寫經書風〉〔註49〕依據弘一法師手抄《金剛經》，就形質上分析其寫經書法，認為其風格為「寒簡、淡泊」，但是不飄逸、不疏放。熊氏指出「弘一法師的字不飄逸，相反地帶有一種遲重感，好像有什麼牽掛；他的字可說是『疏』，但是並不『放』，『放』也屬道家意境，『放』有許多層次：放達、放逸、放曠、放誕、狂放、豪放等，弘一法師的字雖淡泊，都不好用『放』去描寫，相反，有著拘謹。」〔註50〕之後，以撇捺為主，以「不」、「須」字為例，依書論為據，論析其拘謹、遲重、不飄逸、疏而不放之觀點。

此義發表後引起爭議，鄭進發撰文表達不贊同意見，熊秉明亦撰文回應，一來一往，共有五篇，熊氏發表第五篇後，以鄭氏不再作回應作結。筆者認為，熊氏之見可供參考，其看法畢竟迥異於大多數書家對弘一法師書法風格之評價，而鄭進發先生提出「不能單憑一件書跡便斷定某一法師解脫與否」〔註51〕之見，筆者倒是頗為認同。二人相互辯駁之見，可資研究弘一法師書風者作為參考，有不少問題值得思考與探究。

除了上述論文外，《弘一法師翰墨因緣》還刊載不少弘一法師墨蹟圖版，十分具有可看性。附錄中選錄幾篇演講記錄和一封致馬冬涵書信、一篇劉質平〈弘一大師遺墨的保存及其生活回憶〉與〈弘一法師書藝與佛學年表摘要〉，提供相關研究資料。

3.《弘一大師有關人物論文集》

這本《弘一大師有關人物論文集》〔註52〕，彙集二十一篇論文，前面十四篇是 1997 年 8 月於臺北舉辦的第二屆「海峽兩岸弘一大師德學會議」，皆是研究與弘一法師有關之人物，計有徐耀廷、馬一浮、范古農、夏丏尊、楊白民、豐子愷、劉質平、李鴻梁、劉梅生、胡宅梵、高文顯、黃福海、李芳遠等十三人，最後一篇論其「杭州七年」友生之道。為了解弘一法師之成長、交遊、師生關係等，提供相當寶貴的資料與研究成果。

其次，「附篇」收錄 1995 年 8 月於臺北舉辦的第一屆「弘一大師德學會

〔註49〕熊秉明：〈弘一法師的寫經書風〉，《弘一法師翰墨因緣》，頁 130～144。
〔註50〕熊秉明：〈弘一法師的寫經書風〉，《弘一法師翰墨因緣》，頁 131。
〔註51〕鄭進發：〈讀熊秉明撰〈弘一法師的寫經書風〉〉，《弘一法師翰墨因緣》，頁 148。
〔註52〕陳慧劍編：《弘一大師有關人物論文集》（臺北：弘一大師紀念學會印贈，1998年）。

議」論文，計有七篇，主題多元，其中與書法有直接關係者，為杜忠誥〈弘一大師書藝管窺〉〔註53〕，其對弘一法師書法風格變化，具體劃分為四期，具參考價值，但將出家前書風變化概括為一期，是其不足之處。

4.《弘一大師藝術論》

2000年10月下旬，在中國杭州師範學院「弘一大師・豐子愷研究中心」，舉辦「紀念弘一大師誕辰一百二十周年國際學術研討會」，共收錄十九篇論文，依「戲劇」、「音樂」、「美術」、「書法」、「文學」、「綜合」次序分為六類，集結成《弘一大師藝術論》〔註54〕出版。

其中，方愛龍〈李叔同墨迹八種考釋——以儒家文化層面上的李叔同書迹為中心，兼及棄藝事佛的某種心境〉〔註55〕，是從弘一法師傳世遺墨中所書儒家文化層面上的語辭內容，探究其受儒家思想之影響於生命歷程中所表現的儒家精神，並藉八種墨蹟書風技巧之賞析，指出兩件疑似偽作之書蹟。方氏之研究具有參考價值，與陳慧劍〈弘一大師身後遺存「字、畫、印」的幾個相關問題〉，皆有助於書蹟辨偽。

5.《李叔同影事》

金梅《李叔同影事》〔註56〕一書收錄曾刊登於天津、上海、香港和臺北的五十篇文章，如前言所說「大體上說，是這樣的兩類文章：一是，對長期以來以訛傳訛的『事迹』，加以考辨與訂正；二是，對他人著作中沒有涉及過，或者一筆帶過的那些與弘一法師李叔同有關的人和事，予以較為詳細的介紹與評析。」〔註57〕該書之考證與補充性的介紹與評析，有助於理解、分辨在年譜、傳記及相關文獻中所存在的不一致說法、不實記載與簡略難曉之處，是研究李叔同生平事蹟重要的參考文獻。

6.《弘一大師人格與思想論文集》

這本《弘一大師人格與思想論文集》〔註58〕收錄第四屆「海峽兩岸弘一大

〔註53〕杜忠誥：〈弘一大師書藝管窺〉，《弘一大師有關人物論文集》，頁451～475。

〔註54〕曹布拉主編：《弘一大師藝術論》（杭州：西泠印社，2001年）。

〔註55〕方愛龍：〈李叔同墨迹八種考釋——以儒家文化層面上的李叔同書迹為中心，兼及棄藝事佛的某種心境〉，《弘一大師藝術論》，頁172～184。

〔註56〕金梅：《李叔同影事》（天津：百花文藝出版社，2004年）。

〔註57〕金梅：《李叔同影事》，頁2。

〔註58〕侯秋東主編：《弘一大師人格與思想論文集》（臺北：弘一大師紀念學會，2008年）。

師德學研討會」所發表的論文,計有十三篇,其中研究弘一法師之思想的論文有十一篇,人格部分只有兩篇。

（1）于凌波〈弘一大師人格範式對當代佛門緇素的影響〉

〈弘一大師人格範式對當代佛門緇素的影響〉〔註59〕一篇,于氏略述弘一法師之生平,後以八個字歸納弘一法師的人格特質是:「悲憫慈祥、一絲不苟」,並稍作解釋,卻無舉出具體事例,流於主觀敘述。之後將受到弘一法師人格範式影響的出家緇素:修航、觀願、妙因等三位法師,與當代居士:林子青、陳珍珍、陳慧劍等三人,一一道出與弘一法師之間的因緣,以及為弘一法師所做的種種事蹟。此文為研究弘一法師相關人物提供重要的資料,有助於理解在法師圓寂後其弘律精神的承繼與紀念活動的發展情形。

（2）李璧苑〈試探弘一大師書信稿中的人格風範〉

〈試探弘一大師書信稿中的人格風範〉〔註60〕一篇,李氏是從書信內容歸納出弘一法師的人格特質有四點:「謙沖為懷,常不輕者」、「標菊勁節,儒佛風範」、「君子之交,其淡如水」、「心存感恩,不空受惠」,對於每一點之論述,節選代表之片段書信內容佐證,而從其所下的標題,是將每一項人格特質皆視為人格風範,兩者之間有何共通性則未見說明。之後,再以書論「書如其人」說勘驗弘一法師書信風格,以人格特質與時人對弘一法師書法評價作佐證,然並未對書信作風格的賞析,未舉代表性墨蹟圖示驗證,如此是否即可認定「書如其人」則有待商榷。李氏接著又標舉七項弘一法師於書信稿中所反映出的修學特質,並舉相關事例為佐證,並視每一項皆是人格風範,亦是其受人尊崇學習的可貴之處。誠如李氏在文中所言,此論屬於初探式的報告,在理論事證上可能還存在幾個可再商議之處。

（二）期刊論文

1. 人格方面

（1）金梅〈李叔同人格力量之表現〉

金梅〈李叔同人格力量之表現〉〔註61〕指出李叔同之人格力量在幾個方面

〔註59〕于凌波:〈弘一大師人格範式對當代佛門緇素的影響〉,《弘一大師人格與思想論文集》,頁306〜328。

〔註60〕李璧苑:〈試探弘一大師書信稿中的人格風範〉,《弘一大師人格與思想論文集》,頁349〜381。

〔註61〕金梅:〈李叔同人格力量之表現〉,《文學自由談》,2001年01期,201年1月,頁134〜143。

顯示出來，一是，李叔同的人格力量，是以其多才多藝的充足實力為背景；二是，李叔同人格力量之震撼人心，是由於他能掙脫名聞利養的桎梏；三是，李叔同人格力量之堅固恢宏，其源之一，來自他特立獨行的品性；四是，李叔同人格力量之久盛不衰，其源之一，來自他能嚴格自律和謙恭待人。金氏大抵隨順生平經歷而作論述，具有說服力。

（2）曹布拉〈論李叔同的文化性格〉

曹布拉〈論李叔同的文化性格〉〔註62〕一開頭先簡單定義「文化性格」，認為李叔同的人格形成與發展，是以儒學為主，佛教為輔，並以此論述其一生的人格發展及從儒家過渡到佛教之心理變化，而其對道德修養之追求與努力，則是一以貫之，表現出積極進取之人生態度。

（3）吳聰敏〈人品與書品的統一──以弘一大師的書藝為例〉

此篇〈人品與書品的統一──以弘一大師的書藝為例〉〔註63〕在引言大抵依陳欽忠《書法格式與時代書風之研究》之觀點，簡單說明書品與人品之關係，之後對於弘一法師一生經歷與書藝造詣皆分四個時期概述，而對書風之評析則以杜忠誥與李璧苑之見為主，配合生平經歷論述書品與人品之統一。

（4）李敏榮〈弘一大師的人格特徵初探〉

此篇〈弘一大師的人格特徵初探〉〔註64〕是運用心理傳記法，由二十名研究生閱讀四篇有關弘一法師之傳記後，填寫人格形容詞檢測表，然後作因素分析，概括出弘一法師的人格特徵為：嚴謹認真、質樸大度、穩重善良、慈悲睿智等四項特點，並從心理學人格發展理論說明弘一法師人格結構形成之簡略過程。不過，相關弘一法師之傳記文章甚多，選取之標準與原因未見說明，而僅選取四篇所填寫的人格檢測表，所得之因素分析結果，其準確性的評判標準為何，亦未見說明。然此篇是少見的以心理學研究方法研究弘一法師人格之論文，其結果具有參考價值。

〔註62〕 曹布拉：〈論李叔同的文化性格〉，《杭州師範學院學報（社會科學版）》，2004年第1期，2004年1月，頁76～80。

〔註63〕 吳聰敏：〈人品與書品的統一──以弘一大師的書藝為例〉，《國立台中護理專科學校學報》第三期，2004年9月，頁105～124。

〔註64〕 李敏榮：〈弘一大師的人格特徵初探〉，《寧夏師範學院學報（社會科學）》第30卷第5期，2009年10月，頁113～116。

（5）林長紅〈弘一大師人格與藝術精神對閩台文化交流的現代意義〉

此篇〈弘一大師人格與藝術精神對閩台文化交流的現代意義〉〔註65〕，首先概述閩南地區推動的海峽兩岸弘一法師研究熱潮，以及臺灣地區對海峽兩岸弘一法師研究與合作的努力，對目前研究現狀作一清楚交代。

其次指出弘一法師人格與藝術精神對閩臺文化交流中的現代意義：傳承弘揚中華文化，提昇文化交流的道德內涵、樹立正確的文藝觀、發揚文化包容優勢、推進藝術創新等，期許引發對當下閩臺文化交流的進一步思考。

此文所述目前閩南研究現況是繼業露華〈九十年代弘一大師之研究〉一文之後較新的研究，具參考價值。而對弘一法師之人格與藝術精神，配合生平事蹟與友生關係作闡明，能清楚明白其精神之所在與影響。

（6）江盈盈〈李叔同藝術精神與人格教育思想探討〉

〈李叔同藝術精神與人格教育思想探討〉〔註66〕一篇，藉由梳理李叔同弟子及其同事的回憶，探討李叔同出家前的藝術教育思想（音樂、美術）以及人格教育思想，而「先器識而後文藝」的教育思想由他進行現代解讀後，在其弟子以及再傳弟子身上得到延續，大大促進西洋藝術教育在中國傳播與中國「美育」的發展。

（7）王偉〈蔡元培美育觀與李叔同藝術教育理念比較〉

〈蔡元培美育觀與李叔同藝術教育理念比較〉〔註67〕一篇指出，蔡元培作為中國近代美育的先行者，將美育視為其教育理論體系的重要組成部分，把藝術教育作為其美育思想實施的主要途徑，既看到美育和藝術教育之密切關聯，也看到兩者存在的根本差異。

在蔡元培推行美育政策的同時，李叔同積極活躍於藝術教育的實踐。通過比較發現，蔡元培以「陶養感情」為目的的宏觀美育思想與李叔同以「人格教育」為核心的藝術教育有很多相通之處，最大的共同點皆是因中國近代戰亂和苦痛讓他們走上「藝術救國」、「教育救國」的道路。

兩人在對美育和藝術教育的界定、教育思想的政治色彩以及和宗教的關

〔註65〕林長紅：〈弘一大師人格與藝術精神對閩台文化交流的現代意義〉，《黎明職業大學學報》，第3期（總第80期），2013年9月，頁5～24。

〔註66〕江盈盈：〈李叔同藝術精神與人格教育思想探討〉，《海峽教育研究》2016年第1期，2016年1月，頁55～63。

〔註67〕王偉：〈蔡元培美育觀與李叔同藝術教育理念比較〉，《淮北師範大學學報（哲學社會科學版）》第38卷第6期，2017年12月，頁60～64。

係等問題上的理解又同中有異，最大的差異是蔡元培主張「以美育代宗教」，李叔同則由藝術教育走向了宗教的皈依。

最後透過比較二人在美育和藝術教育思想的異同，有助於釐清美育和藝術教育思想的關係，對當代美育的理論研究和實踐有重要的現實意義。

（8）張荀〈李叔同的「人格美育」思想與實踐探析〉

〈李叔同的「人格美育」思想與實踐探析〉〔註68〕一篇認為，中國傳統文化歷來有「養人格道德」的文化淵源，其主要交給儒家學說的自省自律和社會道德的自然約束來進行。李叔同成長於中國傳統儒家文化的教育，是其人格美育之基礎，亦是其極力提倡「先器識而後文藝」之思想淵源與資產。至日本留學後，接受西方當代人文美學精神，對他後來以「器識」、「文藝」為方向進行美育實踐，運用實踐藝術之「術」建立人格完善之「道」起了關鍵性作用。

張氏亦列舉四點李叔同歸國後，所開展的對人格美育思想的實踐特徵，最後論及李叔同以「德行兼備」來提昇「人格美育」的境界高度，是他從在俗到出家始終秉持的信念，其人格美育思想與實踐，對後世具有啟發與示範作用，值得學習與探索。

2. 書法方面

（1）李璧苑〈弘一大師書法風格之研究〉

此篇〈弘一大師書法風格之研究〉〔註69〕，先述弘一法師自幼至出家前的學書歷程，概分為天津、上海、杭州三個時期，配合生平事蹟敘述。出家之後依書藝風格發展分為三個時期敘述，此部分與《弘一法師翰墨因緣》所收錄的〈弘一法師出家後書藝發展的歷程〉內容相同。李氏並將弘一法師手書經文製表以利對照比較，具有參考價值。

（2）方愛龍〈隸法見山：關於李叔同早期隸書作品的考察報告〉

〈隸法見山：關於李叔同早期隸書作品的考察報告〉〔註70〕一篇，根據天津市藝術博物館現藏兩件李叔同早期隸書作品，考察李叔同早年學習楊見山的相關問題，以證明李叔同早年自敘學書經歷時，所謂「隸法見山」的確

〔註68〕張荀：〈李叔同的「人格美育」思想與實踐探析〉，《美育研究》2021 年 06 期第 12 卷總第 67 期，2021 年 6 月，頁 55～62。

〔註69〕李璧苑：〈弘一大師書法風格之研究〉，《美育月刊》第 79 期，1997 年 1 月，頁 1～22。

〔註70〕方愛龍：〈隸法見山：關於李叔同早期隸書作品的考察報告〉，《杭州師範學院學報（社會科學版）》2003 年第 1 期，2003 年 1 月，頁 66～69。

是忠實之語，並糾正他人闡論中的若干錯誤。

（3）陳鴻文〈空白的美感〉

〈空白的美感〉〔註71〕認為弘一法師的字之所以能體現清逸美感，在於線條間的空白，並以同樣重視空白的傑克梅第（Alberto Giacometti）的作品與爵士樂鋼琴家瑟隆尼斯・孟克（Thelonious Monk）斷續的音樂相提並論，說明空白之美，能使風格更加鮮明，更讓人尋思。

（4）方愛龍〈弘一書風分期問題再探討〉

〈弘一書風分期問題再探討〉〔註72〕一篇，以李叔同的傳世作品、近年來新發現、新披露而可靠性高的作品，結合生平經歷，對其出家前後書風發展的幾個時期，特別是「弘一體」的形成過程，作出考察與梳理，並在每一時期的書風考論中均提出相應可靠的典型作品，對弘一書法研究的深入和無紀年作品的時間斷定及其作品的真偽辨析有所幫助。

由於目前研究者往往對李叔同早年書法未能給出分期，出家後弘一體的形成能給出具體分期者亦少，此篇論文之研究正可彌補書風分期之不足。

（5）周延〈弘一法師書法風格的分期及演變〉

〈弘一法師書法風格的分期及演變〉〔註73〕一篇，對李叔同書法風格之分期是以信札為主，概分為出家前與出家後兩大階段，出家階段又分論出家時、永寧期間碑帖之變、《護生畫集》、白馬湖時期與晚年作品，在說明書風變化時，偶而舉大件書作，或中堂或對聯等做比對。相較於目前幾位學者對李叔同書風分期之提出，多以大件書作為主，周延之研究正可彌補這方面之不足。

（6）錢惠子〈書為心畫——從心理學角度淺析「弘一體」風格的演變〉

〈書為心畫——從心理學角度淺析「弘一體」風格的演變〉〔註74〕一篇，從個性、出生家庭、外在生活環境等三個方面，對弘一體風格的形成作一探究，主要以心理學家埃里克森（Ericson）「個性發展論」與馬斯洛（Maslow）

〔註71〕陳鴻文：〈空白的美感〉，《美育雙月刊》183 期，2011 年 9/10 月，頁 82～85。
〔註72〕方愛龍：〈弘一書風分期問題再探討〉，《中國書法》2015 年 07 期（總 267 期），2015 年 7 月，頁 22～47。
〔註73〕周延：〈弘一法師書法風格的分期及演變〉，《中華書畫家・傳世經典》2018 年第 10 期（總 108 期），2018 年 10 月，頁 11～67。
〔註74〕錢惠子：〈書為心畫——從心理學角度淺析「弘一體」風格的演變〉，《教師教育》第 13 期，2020 年，頁 3～4。

「五種不同層次需要理論」為依據，析論弘一體風格形成、演變與審美心理。不過，偏重在其心理因素的探討，未能舉代表性書作藉由分析筆法、結構、章法來說明其風格變化，是其較為不足之處。

（7）劉天華〈溟滅點畫與書風創化──試論「弘一體」風格特徵及成因〉

〈溟滅點畫與書風創化──試論「弘一體」風格特徵及成因〉〔註75〕一篇，首先舉出「弘一體」在筆法、結構和章法的主要特徵是：線性純淨與筆質凝斂、結體斷離與點畫溟滅、章法空闊與字體通徹，其次就「諸藝純化」與「空性參化」兩方面，探討弘一體形成的原因。不過，弘一法師並未學參禪，將弘一體形成的原因歸於參得空性而以禪境比擬，是與事實不符之處。

（8）王芳、楊磊〈李叔同書畫作品收藏流散及研究情況綜述〉

此篇〈李叔同書畫作品收藏流散及研究情況綜述〉〔註76〕，首先概述書畫作品收藏流散情況，分早年習藝、日本留學、歸國任教、皈依佛門等四個時期說明，交代書法與繪畫作品創作時間與目前收藏情況，並製成李叔同部分書畫一覽表，對研究李叔同書學歷程與留日學畫創作情形，提供寶貴的文獻資料，有助於釐清藝術創作之時間線索。其次，綜述書畫作品研究情況，主要以大陸學者之研究為主，分書法作品和繪畫作品兩部分，列舉博碩士論文與期刊論文，並歸納研究成果之主要面向，以豐富關於李叔同的書畫作品研究。此篇論文對李叔同研究提供不少重要資訊，可以補充業露華〈九十年代弘一大師之研究〉一文不足之處，頗具學術價值。

（三）學位論文

1. 李璧苑：《弘一大師出家前後書法風格之比較》（文化大學藝術研究所美術組碩士論文，1994年）

此本碩論以比較弘一法師出家前後書法風格為旨，先敘其生平、文藝思想，之後列舉出家前之代表書作，進行出家前書藝風格之探討。其次說明弘一法師出家後唯續書藝之原由，再列舉出家後代表書作，對出家後書法風格之發展作一論述。最後在結論中對出家前後書法風格進行比較。此外，在附錄中自製兩件表記：〈弘一法師書藝年表略記〉、〈弘一法師手書經文年表略

〔註75〕劉天華：〈溟滅點畫與書風創化──試論「弘一體」風格特徵及成因〉，《美術研究》第 67 期，2021 年 2 月，頁 64～67。

〔註76〕王芳、楊磊：〈李叔同書畫作品收藏流散及研究情況綜述〉，《收藏家》2021 年08 期，2021 年 8 月，頁 27～32。

記〉，具有學術價值。

在臺灣研究弘一法師最用心者，非陳慧劍與李璧苑二位學者莫屬，從上述文獻探討中已見李璧苑所發表的相關人格與書法之論文，除此之外，尚有研究弘一法師佛學思想、持戒宏律、寫經精神等論文。欲研究弘一法師者，必先拜讀其文，領教其見，期能有所承繼，或有新的觀點、新的發現提出，以資討論研究。

2. 黃嬰如：《弘一法師及其書法研究》（國立彰化師範大學國文研究所碩士論文，2005 年）

此本碩論是以弘一法師其人以及其書法為研究對象。書法的部分是在第三章論述弘一法師書法的淵源與藝術觀，第四章論述弘一法師的書風發展與特點表現，大抵不出杜忠誥、李璧苑之研究，在書風分期上亦是結合二家之見。在弘一法師其人部分是在第二章作生平之概述，並特立一節論及人格修養，是不同於其他碩論之處。第五章論述弘一法師文學藝術及律學成就，並將書法評價放在此章，之後敘述文學、詩詞、音樂、繪畫、金石篆刻、戲劇與律學之成就。最後得出四點結論：勇猛精進的人生觀、先器識而後文藝的教育觀、以書法弘揚佛法、寫不盡的弘一法師。

3. 涂昌裕：《一葉一如來──弘一法師美育特質啟迪書藝創作之研究》（華梵大學美術學系碩士班，2012 年）

此本碩論經由探討弘一法師美育特質與修行德學，將所得到的啟發，應用於藝術創作。因此，在第二章對弘一法師生平作一概述後，第三章探討弘一法師的美育特質，在第四章「一葉一如來」書藝展創作理念中，將所得到之啟發分四小節敘述，而在第五章說明作品取材與創作技法，最後於第六章展示作品，並一一賞析。由於論者親自走訪蘇州、杭州弘一法師遺跡，又得到外交部僑委會遴選派赴菲律賓文化教學，得以走訪弘一法師海外法緣之寺廟與學校，因此，實地拍攝之照片、調查與記錄，可作為研究文獻之補充與參考。

4. 楊貴梅：《李叔同書法研究》（國立高雄師範大學國文學系國文教學碩士論文，2016 年）

此本碩論旨在研究李叔同書法。首先從生平性格與所處之時代環境，探究李叔同於動盪環境中之自省與自覺。其次論述李叔同書法淵源與書法藝術觀，從汲古臨帖以至自創一格。接著論述李叔同書風發展歷程與特色，探究出家前後風格行踐與特點。最後具體指出李叔同書法成就與影響。

　　不過，有兩點筆者想提出來作為討論與指教，一是，李叔同是否加入同盟會，已有陳慧劍先生專文考論，論者既然肯定李叔同於動盪局勢中，毅然而然加入同盟會，參與革命，應提出論據反證才是。二是，在第五章第二節論述弘一法師書法之影響，具體提出六大點，其中第三點是「人以字傳，凝聚維繫民族文化」。筆者認為，論者是否未留意到「人以字傳」在弘一法師文藝觀、在〈談寫字的方法〉〔註77〕的演講中，是視為可恥的事，又嘗告誡人「應使文藝以人傳，不可人以文藝傳」〔註78〕。今以「人以字傳，凝聚維繫民族文化」作為弘一法師書法影響之一，實在令人感到十分矛盾，可能會影響此本碩論之學術價值。

5. 李淑瑜：《弘一法師寫經書法研究》（國立高雄師範大學國文學系書法教學碩士班，2017年）

　　此本碩論以探究弘一法師寫經書法特色為主。先從其所處時代與人生經歷了解其身份變化與藝術進程。接著先將寫經書法之歷史發展與佛教融攝，說明與弘一法師之關係以及影響。其次爬梳弘一法師之書學歷程，由書學歷程說明寫經書風演變過程、各期風格特色，而書風分期是以杜忠誥與李璧苑之分期為依據，並在此基礎上探究寫經書法的美學觀，藉此彰顯其寫經書法藝術所具的獨特美。最後在結論歸納出：弘一法師寫經書法所展現的時代精神、弘一體在美學上的創新、弘一法師寫經書法所具有的藝術價值以及貢獻，並帶給世人之啟發與影響。文末特立一節分享因研究弘一法師帶給自己的省思與收穫，可讓人感受到在這研究的過程中，得到最大利益者正是研究者自己。

6. 李錫利：《弘一大師書法藝術研究——試以寫經、書簡及護生畫集題字為例》（國立高雄師範大學國文學系書法教學碩士班，2019年）

　　此本碩論依據弘一法師寫經作品、信札與《護生畫集》之題字，探究弘一法師書法藝術。先從生平經歷與所處時代瞭解弘一法師之書法藝術背景，其次論述弘一法師書學淵源與書法觀，接著爬梳其書學歷程，先探析出家前五體書學歷程、作品風格與師承，次而研究出家後之心智轉變與寫經書風之演變。之後研究弘一法師寫給學生、朋友、法師、居士等人之信函書風，再以《護生畫

〔註77〕弘一法師講；高文顯記錄：〈談寫字的方法〉，《弘一法師翰墨因緣》，頁198：「『人以字傳』——這是一椿可恥的事，就是在家人也是很可恥的。」
〔註78〕致許晦廬（一九三八年秋，泉州溫陵養老院），《弘一大師全集・八》，頁251。

集》第一、二集弘一法師題字為主要研究對象,再輔以三至六集內容,以見其學生及佛界弘揚大師遺願之作為。最後探討弘一法師書藝成就並論述其對後世之啟發與影響。

第四節　研究方法

　　本論文在處理上述文獻資料、學術論文所欲採行之研究方法,計有三種,今略述如下:

一、歷史研究法

　　歷史研究法以蒐集、鑑定、解釋歷史材料為主要工作,對史料加以整理,客觀分析、鑑別,以了解事件之前因後果而作出合理之解釋。〔註 79〕運用此法,透過中國近代史、年譜、書信、人物傳記等史料文獻,探討弘一法師所處時代與生平經歷。

二、文獻分析法

　　文獻分析法旨在蒐集、整理、鑑別、分析過去及現在之研究成果,歸納學者專家之意見與看法,進行評述,提出一己之觀點與建議。運用此法,藉由析論、賞析弘一法師詩詞、音樂、書畫等專著與學術性論文,探討弘一法師之人格與書法。

三、義理詮釋法

　　義理詮釋法是研究古籍文獻的傳統方法,對文獻義理進行詮釋與闡發,旨在闡發古代思想之精微,是釋義學的一個重要方法。〔註 80〕運用此法以詮

〔註79〕王文科、王智弘著:《教育研究法》(臺北:五南圖書,2007 年),頁 244:「所謂歷史研究係指有系統的蒐集及客觀的評鑑與過去發生之事件有關的資料,以考驗那些事件的因、果或趨勢,俾提出準確的描述與解釋,進而有助於解釋現況以及預測未來的一種歷程。」
〔註80〕楊鑫輝:《心理學通史》(山東:山東教育出版社,2000 年)第一冊,頁 22:「歷史上,十三經注疏、四書五經注疏釋義等就是運用此種方法,它包括了對字句的疏注、解析和對文獻義理的解釋、闡發。尤其對義理的闡釋,能發掘古代文獻所蘊涵思想的深度,甚至能借以發揮今人的思想傾向,如王安石的《三經新義》便是以此闡發其變法思想。正因為對注釋的看法和態度不同,又產生了『我注六經』和『六經注我』的說法。」

解儒道釋思想、人格理論、書法理論，明白理論觀點要義，釐清學說形成發展過程，以探究弘一法師人格發展、修養與特質，與「書如其人」說的書學理論。

　　此外，在書法書蹟方面，以鑑定書作真偽為要，進而賞析筆法、結體、章法所呈現之特點，體會書蹟所展現之風格與書家心靈，並藉由前人與現代研究者之書法評價，欣賞其書法特色。在鑑賞過程中，以圖文對照方式，透過具體之圖片、書蹟，有助於理解文字表達之邏輯與意旨，並在對照查看之下，能明白論者對書蹟筆法、結體、章法之解析，從而加深印象，體會所呈現之風格特點。

第二章　弘一法師的生平

　　李叔同，幼名成蹊，一名廣侯、文濤，字叔同，名號屢易，以李叔同之名為世所知；出家後，法名演音，號弘一，別署甚多，以弘一之法號為世所稱。[註1] 祖籍浙江平湖，[註2] 世居天津，遂為津人。清光緒六年庚辰（1880年10月23日，農曆9月20日），誕生於天津河東（區）地藏庵前陸家胡同

〔註1〕在李叔同自撰的《樂石社社友小傳》中，共記二十五人之姓名、籍貫及專長，其中在「李叔同」條下，自稱：「燕人或曰當湖人。……生平易名字百十數。名之著者曰文濤、曰下、曰成蹊、曰廣平、曰岸、曰哀、曰凡，字之著者曰叔同、曰漱筒、曰惜霜、曰桃谿、曰李廬、曰壙廬、曰息霜，又自證哀公。」見林子青：《弘一大師新譜》，頁127～128「按語」。出家後之別署甚多，如曇昉、論月、月臂、一音、亡言、妙嚴、勝音、嚴正、晚晴等等，參閱林子青〈大師姓名、別號及其家世概略〉一文，《弘一大師新譜》，頁1～7。

〔註2〕李叔同之祖籍，向有二說。一是浙江省平湖縣。此據李叔同廿三歲（1902年，光緒二十八年壬寅），由上海赴河南補行光緒年庚子、辛丑恩正科鄉試時，自署「浙江嘉興府平湖縣監生李廣平」。又叔同十七歲時，其師為他所作書法範本《唐靜岩司馬真蹟》題簽時，已自署「當湖李成蹊」；浙江平湖，古名當湖。在上註中，李叔同自稱「燕人或曰當湖人」，且《李叔同印存》中有幾方閒章載有地名，如「平湖後生」、「江東少年」、「吳郡弟子」等，故幾位研究者之專著，如林子青《弘一大師新譜》、陳慧劍《弘一大師傳》、田濤《百年家族──李叔同》，皆主此說，並依此上推出三代譜系，故本文即依此說。另一說是山西，乃據大陸學者陳星《芳草碧連天：弘一大師傳》一書中之考證。依李叔同侄孫女李孟娟〈弘一大師的俗家〉所述，李家祖上是由山西遷來的，靠串街賣布為生。又聽家中的老保姆們講，說在她六、七歲時有山西人來天津認宗續譜。而對其叔祖父李叔同考秀才時所填名籍，乃是應急填成浙江省的籍貫，以便就近應試，據說這在當時報考規定是允許的，稱為「寄籍」或「入籍」。然金梅〈李叔同的祖籍問題〉則舉證反駁陳星之見，確定李叔同祖籍乃浙江平湖縣。見《李叔同影事》，頁1～5。

老宅。民國三十一年壬午（1942年10月13日，農曆9月4日），圓寂於泉州不二祠溫陵養老院晚晴室，世壽六十三歲，僧臘二十四。

李叔同的一生經歷，以三十九歲出家為分水嶺，未出家前擬以四個時期分述，即天津成長時期（1880～1898）、遷居上海時期（1898～1905）、留日學藝時期（1905～1911）、歸國執教時期（1911～1918），出家後至圓寂則視為一個時期：出家修行時期（1918～1942）。至於李叔同所處之時代背景不與生平事蹟切割，因與李叔同一生較多關聯者，不全然是政治轉型上的事件、運動，更多的是社會文化、繪畫、戲劇、近代音樂、佛教等等的變遷與發展。在這些面向裏，李叔同的角色多為先驅者，需將角色融入每個面向之變遷中才得以明白其開風氣之先的重要性。因此，時代背景派入每一期中略作說明，而隨著生平事蹟之開展，或補述或細說相關聯之時代背景，以彰顯李叔同因應時局之作為。另外，生平事蹟主要依據林子青《弘一大師新譜》，為免繁瑣，除非必要，則不一一加註。

第一節　天津成長時期（1880～1898）

天津位於華北平原東北部，北枕燕山，內有海河，東臨渤海，河海銜接使天津成為北方的漕運中心，並擁有豐富的漁鹽資源。自漢代起為開發鹽業資源，設有鹽官與管理機構。發展至金元明時期，鹽業成為政府賦稅的重要來源，元朝在渤海西岸之長蘆鹽區所設置的鹽場即有二十二處；明代對天津鹽業加強管理，設置「河間長蘆都轉運鹽使司」，下設「滄州分司」、「青州分司」，天津屬青州分司管轄，長蘆鹽名稱即由此而來。至清代，天津已成為長蘆鹽的產、運、銷中心，長蘆鹽商組織「蘆綱公所」用以勾結官府和協調內部關係，是一特殊利益集團，靠著巨額財富，輸銀捐官，協助地方政府鞏固封建統治，從中獲取更大經濟利益以發展一己之政治、經濟實力。〔註3〕

一、筱樓公李世珍之事功與善行

李叔同祖父李銳、叔祖父李鋦兄弟二人，因經營鹽業與銀錢業，遂寄籍天津，直至李叔同父親李世珍晚年時財勢最盛。〔註4〕李世珍，字筱樓，人稱筱樓公。生於清嘉慶十七年壬申（1813），卒於光緒九年癸未（1883），享年七十

〔註3〕來新夏主編：《天津近代史》（天津：南開大學出版社，1987年），頁1～10。
〔註4〕田濤：《百年家族──李叔同》，頁10～15。

三歲。《天津府志》記載：

> 李世珍，字筱樓，道光甲辰舉人，同治乙丑進士。吏部文選司主事。
> 七年，以團防功得四品銜花翎。光緒五年，糾同心建備濟社，捐集
> 鉅資備荒年賑濟之用。凡每歲施放錢、米、衣、藥、棺木，及牛痘
> 局、恤嫠會、義塾諸善舉，皆取辦焉。舊有寄生所，仿其規制，出
> 資立有存育所，俱收養貧民。〔註5〕

從府志記載可知，李世珍曾於道光二十四年（1844）甲辰恩科鄉試得中舉人，
此時已是三十二歲；二十一年後，於同治四年（1865）乙丑科中進士，時已
五十三歲，於吏部文選司觀政。〔註6〕同治七年戊辰（1868），捻軍由河南入
直隸（今河北），攻打至天津，三口通商大臣崇厚（1826～1893）修造圍牆
城樓，發動天津士紳組織民勇守衛，時士紳吳惠元、張秉鈞、李士（世）珍
等各帶民勇數千，登城助守，「旗幟燈火，晝夜相望，聲勢浩大，賊知有備，
不敢逼近」，在擊退捻軍進攻後，崇厚奏保出力人員，於同年八月初二日，
清廷上諭中有曰：「主事李世珍等均著賞帶花翎，李世珍，宋文壽均賞加四
品銜。」這是李世珍一生所獲得的最高榮譽。〔註7〕

李世珍與李鴻章（1823～1901）鄉試同年，又與吳汝綸（1840～1903）同
年進士，三人頗有交情。吳汝綸先後入曾國藩（1811～1872）、李鴻章幕府，李
世珍則為李鴻藻（1820～1897）部下，又與王文韶等朝廷政要有來往。〔註8〕

〔註5〕〔清〕沈家本修・徐宗亮纂：《天津府志》（臺北：臺灣學生書局，1968年）卷
　　　四十三，頁43，總頁3897。
〔註6〕林子青《弘一大師新譜》，頁4中，有兩則按語有助於理解李世珍中進士排名
　　　與吏部主事一職之義：林紓《畏廬瑣記》曰：「前清進士受職後，恆分各部觀
　　　政，名曰主事。」李孟娟〈弘一法師的俗家〉：「在北京『第一歷史檔案館』的
　　　藏書中，有一冊手抄本的《乙丑科會試題名錄》，內載中試各省貢士二百五十
　　　二名的名次、姓名、籍貫等。我曾祖父名下這樣寫著：第七十名　李世珍、直
　　　隸天津府天津縣『附生』。」又，田濤先生認為，李世珍本應分派為知縣，是
　　　靠捐納而得彌補：「清代進士分為三個等第，也就是三甲。一甲三名，賜進士
　　　及第；二甲賜進士出身；三甲賜同進士出身。在同治四年乙丑科的進士榜上，
　　　李世珍為三甲第七十九位，三甲之首則是後來譽滿天下的桐城派大師吳汝綸。
　　　李世珍的位置相對在後，所以被分派為知縣。不過，靠捐納的彌補，李世珍被
　　　任命為吏部主事。」見田濤：《百年家族──李叔同》，頁9。田先生捐納之說
　　　並未註明所據資料出處，且與林紓、李孟娟之說有所出入。
〔註7〕田濤：《百年家族──李叔同》，頁9～10。
〔註8〕1896年舊曆8月5日，李叔同在給賑房先生徐耀庭的信中寫道：「按李鴻章兄
　　　至九月初間，可以來津，王文韶兄降三級留用。其間原故，不得其詳。」李叔

然而在當時通過捐納等各種非正途而獲致功名的人越來越多,而官員名額卻未相應的增加,形成僧多粥少的局面,促使士紳階級因之發生分化,經商即為其中一條主要出路。而另一方面,隨著通商口岸資本主義經濟的發展,新的行業結構的形成以及人們價值觀念的變化,許多士紳也樂於棄儒從商、棄仕從商,轉化為商人、資本家,形成一新的社會階層:「紳商」〔註9〕。李世珍年逾五旬才中進士,前程更是渺茫,故於數年後辭官經營鹽業,並在津開辦「桐達錢號」和「桐興茂錢號」,成為津門巨富之一。

李世珍長子李文錦(1830~?)為正房姜氏夫人所生,可能在李世珍中進士時已去世,之後李世珍娶第一位側室郭氏夫人未曾生育,再娶第二房側室張氏夫人,於同治七年(1868)生下次子李文熙(1868~1929),但卻自幼體弱多病。於是在六十七歲時娶第三房側室王氏夫人,年始十九歲。光緒六年庚辰(1880)於天津河東(區)地藏庵前陸家胡同老宅生下李叔同,時李世珍已六十八歲。這一年,已是光緒帝載湉即位、慈禧太后再度垂簾聽政的第六年,距鴉片戰爭爆發已過四十年,天津因北京條約而開埠成為通商口岸,亦有整整二十年,英、法、美三國在此強建租界。而洋務運動(1861~1895)推行至今已邁入第十九年;這一年,嚴復(1854~1921)出任天津水師學堂總教習,九月十八日,李鴻章在天津設立電報總局;隨著種種舉措之推行與建設,天津已發展成一近代化通商口岸城市。此時,距離光緒二十一年乙未(1895)中日甲午戰敗,尚有十五年,李叔同正是在這相對穩定和平的環境中成長。

李叔同出生第三年(1882),李世珍於河東糧店後街六十號,購置一所大宅院,由四個院落構成田字形,共有四十餘間房屋,占地面積一千四百平方米。大門外高懸「進士第」大匾,門樓內掛「文元」橫披小匾,前院五間正房客廳中,正面掛李世珍親書李家堂名「存樸堂」堂匾,因此人稱「存樸堂李家」。東邊前院是李家經營銀錢業內局生意之錢鋪——「桐達錢莊」,因櫃房前廊上懸掛之上下聯,乃各以「桐」、「達」啟首之抱聯,故人們亦以「桐達李家」相稱。大宅院中巧設遊廊花園,門上掛「意園」小匾,亦為李世珍親書。意園附近設有洋書房一處。李叔同稍大之後喜在此洋書房讀書,更在

同和二位朝廷政要關係密切,到了稱兄道弟的地步。由此可見,李家與朝廷政要之關係。見《弘一大師全集》編輯委員會編:《弘一大師全集·八》,頁82。

〔註 9〕方平:《晚清上海的公共領域(1895~1911)》(上海:上海人民出版社,2007年),頁305~321:「商人與紳商」。

這裏接待學友，直至光緒二十四年（1898）戊戌政變離津赴滬。宣統三年辛亥（1911），李叔同從日本留學返鄉受聘於天津直隸模範工業學堂任教時，仍於洋書房內備課、研究學問，接待過「天涯五友」之一的袁希濂。〔註10〕

　　筱樓公李世珍精陽明之學，旁及禪宗，頗具工夫，飲食起居，悉以《論語·鄉黨》為則，不少違。晚年樂善好施，設立義塾，與李嗣香、嚴仁波（嚴範孫之父）等友好，創設「備濟社」，專事撫恤貧寒孤寡，施捨衣食棺木。每屆秋末冬初，遣人至各鄉村，向貧苦之家探察情形，並計人口之多寡，酌施衣食，先給票據，至歲暮，憑票支付。又設有存育所，每屆冬季，收養乞丐，不使凍餒。〔註11〕另外還創辦義學「廣育學會」，為無力交納學費之貧苦子弟提供讀書學習之機會。以是之故，鄉里皆頌其德，敬稱為「糧店後街李善人」（以區別城里李姓善人）〔註12〕

　　筱樓公年至七十二歲時，因患痢疾，自知不起，將臨終前痢疾忽癒。公乃延請高僧多人於臥室朗誦《金剛經》，靜聆其音，而不許一人入內。叔同時方五歲，亦解掀幃窺探。公臨歿時，安詳而逝，如入禪定。靈柩留家凡七日，每日延僧一班，或三班，誦經不絕。當時叔同見僧之舉動，皆可愛敬，以後即屢偕其姪輩效「燄口」施食之戲。出殯之日相當隆重，由當時北洋大臣兼直隸總督李鴻章為其「點主」，將軍馬三元「報門」，舉行盛大的祭奠儀式。〔註13〕

〔註10〕關於李家大宅院的描述和李叔同與洋書房之關係，轉引自李鳳池：《與弘一大師對話的日子》（北京：台海出版社，2016年），頁6～7。至於「洋書房」之設置，林子青在《弘一大師新譜》，頁9「一八八○年（光緒六年庚辰）一歲」條中記道：「當中有一個小花園，名為『意園』（亦稱洋書房），」可見，林氏視「意園」等同於「洋書房」，與李氏所見不同。而田濤《百年家族──李叔同》頁11中卻說：「有一處周圍插有竹籬的小花園，名曰『意園』，……緊挨小花園旁邊，是一處高台階的洋書房，書房裏有中式木床和書櫥，窗有兩層玻璃門、一層紗門，格局頗為講究，據說是李叔同一九一一年從日本留學回國後建起來的。」田氏認為洋書房是李叔同留日回國後所建，仍未註明論據出處。金梅〈「意園」和「洋書房」的修建年代〉則證明「意園」和「洋書房」非李叔同所建，在他幼年時已有這兩處建築，在他從日本回國，短暫在津半年期間，在「洋書房」做過一些布置，亦招待過「天涯五友」之一的袁希濂，見《李叔同影事》，頁10～13。

〔註11〕胡宅梵：〈記弘一大師之童年〉，《弘一大師永懷錄》，頁189。

〔註12〕李鳳池：《與弘一大師對話的日子》，頁6。

〔註13〕林子青：《弘一大師新譜》，頁11。又於頁12按語中，對「燄口」作為佛教密宗一種施食懺法略作說明。胡宅梵：〈記弘一大師之童年〉，《弘一大師永懷錄》，

二、李家重視童蒙品德教育

筱樓公李世珍去世後，家業由十七歲的李文熙執掌。李叔同年至六、七歲時，開始從兄接受童蒙教育，讀習性之書和聖賢之作，如《玉曆鈔傳》、《百孝圖》、《返性篇》、《格言聯璧》等；又攻《文選》，生而穎悟的李叔同，七歲時對某些篇章已能琅琅成誦。而在李叔同日常生活規範的教導方面，母親與兄長效法筱樓公以《論語・鄉黨》為則，如吃飯時，桌子稍有偏斜，母親訓之曰：「席不正不坐」；吃飯時必置薑一碟，是效法《論語・鄉黨》中「不撤薑食」之義（因薑可通神明，去穢惡，故不撤）。平日教導他要惜福，要愛惜衣食，不可隨意損壞糟蹋，怕損失福報，短命而死。〔註14〕由於筱樓公生前信佛，家中設有佛堂，郭氏夫人常年誦經念佛，〔註15〕已居孀寡處的文錦妻即李叔同的大嫂，常從王孝廉學大悲咒、往生咒等，並學袁了凡記功過格。李叔同約七、八歲時，常從旁聽，旋亦能背誦，且能學記功過格。又從乳母劉氏，習誦《名賢集》，如「高頭白馬萬兩金，不是親來強求親。一朝馬死黃金盡，親者如同陌路人。」年約八、九歲的李叔同，對詩中表達的人事無常與世俗社會勢利之涵義，頗能理解。〔註16〕

李家對道德規範之重視，從李叔同所接受的童蒙教育可知。李叔同對於這些格言式的規範是常時習誦，又有抄錄的習慣，並且是認真地遵守。至十餘歲時，少年李叔同見其兄待人接物，其禮貌輒隨人之貴賤而異，心中頗為不平，於是反其兄之道而行。遇貧賤者敬之，富貴者輕之。性更喜養貓，往往敬貓如敬人，見人或反不致敬。有人見李叔同如此，以為他是瘋癲者，而他卻不以為意，其憤世嫉俗、反抗思想於此時養成。〔註17〕

頁189。田濤：《百年家族──李叔同》，頁26，對「點主」與「報門」有扼要之註解：「點主」（舊時人死後，未亡者書寫「×××之神主」靈位，將「主」字少寫一筆劃，出殯前請有功名的人添寫完整，亡者因此可早日超生，也叫「題主」），「報門」（亦稱「祭門」，出殯前靈台開啟後，由戎裝佩劍的武官第一個祭奠，以示莊重排場。）

〔註14〕李叔同：〈青年佛徒應注意的四項〉，《中國人的禪修》（北京：金城出版，2014年），頁54～57。

〔註15〕李孟娟在〈弘一法師的俗家〉一文中提到筱樓公的第一位側室郭氏時寫道：「她一生沒有生兒育女，故不為我曾祖父看重，常年靠誦經念佛打發日月，他住兩明一暗的三間房子，外間屋就是佛堂，每日晨漱後的第一件事就是『念佛』。」轉引自陳慧劍：《弘一大師論》，頁5。

〔註16〕胡宅梵：〈記弘一大師之童年〉，《弘一大師永懷錄》，頁189。

〔註17〕〈記弘一大師之童年〉，頁189。

三、科舉進仕之路屢挫

　　李叔同自十歲開始，循一般讀書入仕之路，接受正式教育，由私塾老師常雲莊教授正規課程，從《四書》到詩文史學，從《爾雅》、《說文》到訓詁之學，亦臨摹劉石庵所臨文徵明心經練習小楷，十三歲開始臨摹篆帖。光緒二十一年乙未（1895），十六歲的李叔同考入天津文昌宮輔仁書院，學習八股文。書院考課以作文為主，對每月兩次作文進行評等，由書院發給賞銀，藉此督促學生學習。李叔同因小楷書法精良，能在通行的作文格子內寫兩個字，而被同學稱為「雙行李」。這一年，中日甲午戰敗，宣告進行三十餘年之洋務運動徹底失敗；《馬關條約》的簽定，中國面臨被瓜分之危機，促使要求變法維新思潮日甚一日。

　　戊戌維新（1895～1897）在本質上是一場啟蒙運動，目的在於廣開民智；欲開民智，必先合羣；欲合大羣，必先建立組織以廣開風氣。〔註18〕因此，立學會、辦報刊、興學校，是維新派廣開民智的三大舉措。就立學會而言，在康有為帶動之下，甲午戰後三、四年間，各地學會相繼成立，據統計，全國約有七十多個學會，眾多學會的活動起到了聯絡同人、開通風氣、啟迪民智、製造輿論，以推動維新變法運動的發展等不可低估的積極作用。〔註19〕

　　在辦報刊方面，自京師強學會成立之際，即創辦《萬國公報》為其機關報，在發行四十五期後，改名為《中外紀聞》，由梁啟超、汪大燮等主筆。隔年，黃遵憲、汪康年利用上海強學會餘款創辦《時務報》，邀請梁啟超為主編，陸續發表〈變法通議〉等一系列論文，比較有系統地宣傳變法維新的主張。在知識界產生強烈的影響和共鳴，受到廣大歡迎。在《時務報》的影響之下，維新志士（即改良派）在各地爭相創辦報刊以宣傳變法維新，其中尤以《國聞報》、《知新報》和《湘學報》等最有影響。〔註20〕

　　在興學校方面，維新派大力鼓吹變革科舉制度，提倡仿照西方教育制度興辦學堂，以培養新式人才。在此思潮影響下，天津海關道盛宣懷（1844～

〔註18〕康有為認為，「中國風氣，向來散漫，士夫戒於明世社會之禁，不敢相聚講求，故轉移極難。思開風氣、開知識，非合大羣不可，且必合大羣而後力厚也。合羣非開會不可，在外省開會，則一地方官足以制之，非合士夫開之於京師不可，既得登高遠呼之，可令四方響應，而舉之於輦轂眾著之地，尤可自白嫌疑。」《康南海自編年譜》，《戊戌變法》第四冊，頁133。轉引自閔杰：《近代中國社會文化變遷錄·第二卷》，頁10。

〔註19〕閔杰：《近代中國社會文化變遷錄·第二卷》，頁102～107。

〔註20〕陳振江、江沛主編：《晚清民國史》（臺北，五南圖書，2002年），頁30～41。

1916）經直隸總督王文韶（1832～1908）轉奏，要求成立以美國學制為模式的「天津北洋西學堂」，始獲允准，遂於當年十月二日（陽曆八月十四日）舉行開學典禮，由美國人丁家立（1857～1930）任總教習。這是近代教育史上第一所新式大學，第二年，天津北洋西學堂改名為「北洋大學堂」，即現在天津大學的前身。〔註21〕

值此之際，天津一些舊式書院與寺廟亦相繼改制為新式學堂。為增加新式學堂之經費，光緒二十二年丙申（（1896）四月，天津有減各書院獎賞銀歸新式學堂之議，李叔同以「照此情形，文章雖好，亦不足制勝」；又聞友人談及時事，有重洋文之勢，遂決心請人教算術及洋文。〔註22〕於是，在輔仁書院學習一年後，並請人教算學、洋文的同時，十七歲的李叔同離開書院，在二嫂姚氏的引薦之下，入姚氏家館，師從趙元禮（1868～1939），學駢文及詩。〔註23〕又從唐靜岩（1823？～1898？）學書法篆刻。

青年李叔同因父親筱樓公為清末進士，二兄文熙為秀才，欲繼承光大門楣之故，熱衷於科舉功名，並親手抄錄山西渾縣恒麓書院教諭（思齊）對諸生的〈臨別贈言〉。此篇贈言內容所言「立品」（讀書之士，立品為先。養品之法，惟終身手不釋卷）、「涉世」（必於古人中擇其性質相近者師事一人，瓣香奉之，以為終身言行之準）、「為文」（古文於唐宋八大家中師事一家，而輔以歷代作家）、「善書」（小楷是讀書人末技，然世之有識者，往往因人之書法卜其終身）之立論，李叔同奉為圭臬，以此作為立身、處世、學習之準則。〔註24〕

光緒二十三年丁酉（1897）十八歲，與俞氏結婚。同年以童生（文童）資格應天津縣儒學考試，學名文濤。在二試考題策問「論發八股興學論」中，答道：「竊思我中國以仁厚之朝，何竟若是委靡不振乎？而不知其故實由於時文取士一事。……昔時八股之興，以其闡發聖賢之義理，可以使人共明孝悌之大

〔註21〕來新夏主編：《天津近代史》，頁 282～283。

〔註22〕致徐耀廷（一九通）・二（一八九六年舊五月上旬，天津）：「再，今有信將各書院獎賞銀，皆減去七成，歸於洋務書院。照此情形，文章雖好，亦不足以制勝也……弟擬過五月節以後，邀張墨林兄內任楊兄，教弟念算學、學洋文。」《弘一大師全集・八》，頁 79。

〔註23〕據金梅之考證，1889 年，李叔同仲兄文熙（字桐岡）元配盧氏，生子麟玉時難產去世。繼配姚氏，係「天津八大家」之一「鼓樓東姚家」姚學源的長女。姚家祖上向有家館之設。十九世紀九十年代後，青年才俊趙元禮即在姚氏家館擔任西席。見金梅《李叔同影事》，頁 22。

〔註24〕林子青：《弘一大師新譜》，頁 22～25。

原。至今時則以詞藻為先，以聲調為尚，於聖賢之義理毫無關係。胸無名理，出而治兵所以無一謀。是此革舊章，變新制，國家又烏能振乎？」〔註25〕可見是唱和維新志士廢八股之主張。其課卷時文與試帖贏得主考官「熟而不俗，清而能腴……筆致亦極秀潤」的評語，〔註26〕即得益於〈臨別贈言〉的教誨，但未能考入縣學而取得「生員」（秀才）的資格。

光緒二十四年戊戌（1898）春，李叔同仍入天津縣學應考，課卷寫時文兩篇，為〈行己有恥使於四方不辱君命論〉，一為〈乾始能以美利利天下論〉。前者揭露清末外交界之黑幕，及外交官不學無術與無恥。後者主張中國欲富強應開礦產，並主張設立礦學會，培養中國自己的礦師最為重要。文末「務令以孝悌為本，才能為末。器識為先，文藝為後」云云，〔註27〕全是正統儒家倫理道德觀和文藝觀，亦是貫穿李叔同出家前後之中心思想。

同年四月二十三日（1898年6月11日），光緒帝採納康、梁主張，詔定國是，宣布變法。李叔同亦以老大中華非變法無以自存，贊同康梁主張，傳曾自刻一印曰：「南海康君是吾師」。八月六日（9月21日）慈禧太后發動政變扼殺變法，再度垂簾聽政，幽禁光緒皇帝於瀛臺，歷時一百零三天的變法活動宣告失敗，史稱「百日維新」。隨後，「六君子」遇難，康、梁出亡日本。日後梁啟超常在《時務報》、《清議報》、《新民叢報》等，發表多篇有關變法救國的文章。京津之十，有傳言李叔同為康、梁同黨，為避禍及欲脫離大家庭扎根立業，〔註28〕故奉母攜眷南遷上海。

第二節　遷居上海時期（1898～1905）

上海位於中國沿海中部，居長江之尾端，東臨大海，於入口處形成一片三角洲平原，此即聞名世界之上海灘。因枕江濱海之水利之便，於宋代起即已成

〔註25〕《弘一大師新譜》，頁27～28。

〔註26〕《弘一大師新譜》，頁28按語。

〔註27〕《弘一大師新譜》，頁30～33。

〔註28〕避禍之說，依林子青《弘一大師新譜》之見；欲脫離大家庭自立之說，乃據李端〈家事瑣記〉一文所記：「據說，因當時先父曾刻過『南海康君是吾師』的閒章，此得有躲嫌避禍的意圖。而實際上，據說我家的老保母王媽媽說，我父親當時的南下，是想從此脫離天津這個大家庭，去南方扎根立業。因當時我們家資富有，上海也有我家錢鋪的櫃房，可照顧我們一家的生活。」參見《李叔同──弘一大師紀念集》（天津：天津古籍出版社，1988年），頁108。

為一港口商鎮，之後於元代建縣，隸屬松江府，至清代隸屬於江蘇省境。自元代以後，直至明、清，隨著當朝者之幾次開海、禁海而曾幾度興衰。

道光二十三年癸卯（1843），上海因鴉片戰爭中國戰敗，在簽訂《南京條約》之下，被迫開放通埠，成為近代最早一批開放通商口岸。上海開埠之後，英、美、法等國相繼劃定租界，後又屢經擴展與合併，形成一個由西洋人移植到中國來的一個「國中之國」，成為中國國內最大的一片外國租界區域。開埠二、三十年後，隨中外貿易之增長而繁榮起來，在繁盛的同時，上海也成為商賈、紳宦、文士聚集之地，尤其是文士們，大多飽讀詩書，有的還取得過生員甚至舉人，往往借助文字記述所見所聞，並作出評述，或利用書籍、報刊等文化傳播工具來影響社會，是社會輿論之主體與中堅。而文士們又喜舞文弄墨，常以詩文翰墨相交，或送友傳觀，一些佳文美句往往會被文人們轉相傳抄，或刊印售賣，因而流傳開來。〔註29〕

李叔同一家初抵上海，在法租界卜鄰里（今金陵東路一側）稅屋而居，李家於此處的申生裕錢莊設有櫃房，收入豐厚，可維持生計。之後，李叔同為能融入上海文化圈，曾於《中外日報》刊登篆刻作品，不久又加入城南文社，從而結識一些藝優學深之年輕同道。

一、聲名顯揚上海藝文界

光緒二十四年戊戌（1898）初冬，時年十九歲的李叔同本著「以文會友」之心情，參加由袁希濂（19世紀？～1950）、許幻園（1878～1929？）等人組織的「城南文社」。該文社成立於光緒二十三年丁酉（1897），一些志同道合的士子在參加當年秋試之後，以許幻園監生的「城南草堂」〔註30〕為活動地點，每月會課一次，由精研宋明性理之學和詩賦的名士張蒲友孝廉（舉人）評定等級。城南文社的盟主許幻園，名鑅，江蘇松江（舊稱雲間、華亭）人

〔註29〕 李長莉：《晚清上海社會的變遷——生活與倫理的近代化》（天津：天津人民出版社，2002年），頁20～38。李萬才：《海上畫派》（長春：吉林美術出版社，2002年），頁1～6。

〔註30〕 許幻園：《城南草堂圖偶和集・城南草堂圖記》：「滬濱繁華，雞犬麻桑，又是一番世界。人家多臨水居，男婦皆樸童，蓋猶有古風存焉。余性耽靜僻，厭棄喧嘩，於丁酉之春，築草堂於此。庭植雜花，當盛開時，幽香滿室，頗得佳趣。北臨青龍橋，岸旁遍栽楊柳；東望南浦，來往帆檣，歷歷在目。庚子暮秋，內子夢仙，為畫草堂圖。蒙海內大雅題句甚夥，因付剞劂，以志墨緣，並附此圖於集中，為記其緣起如此。雲間幻園居士。」徐正綸編著：《弘一大師詩詞全解》（臺北：東大圖書，2002年），頁13。

士，以字行世，思想新進，熱衷文藝，是當時上海詩文界領袖人物之一，號稱雲間詩客。家境殷實，又素好結納，府上常為滬上名流才士歡會之場所。初次入社，李叔同即在規定三日交卷的詩賦小課中，以一篇〈擬宋玉小言賦〉，寫作俱佳，名列第一，從而贏得文社同仁之關注與敬重。〔註31〕初次參加文社活動的李叔同，不僅書法寫得好、詩賦作得好，而且是一個翩翩佳公子的形象，眉宇間流露出英豪之氣，為人謙和而又器宇不凡。（圖1）

圖1　1989年，20歲攝於上海寓所

出處：《弘一法師翰墨因緣》

　　經過連續幾次的文社活動，李叔同詩文俱佳名冠其曹者連三次，許幻園視為奇才，遂相見恨晚，特闢城南草堂一部分，邀李叔同一家前來同住。翌年（1899）春夏之交，李叔同舉家遷入城南草堂。李叔同在正中客廳上懸掛某位名士為他所書之匾額「釀紈閣」，許幻園見其右室書房尚缺匾額，便乘興為李叔同書「李廬」二字相贈。此後，李叔同便自稱「釀紈閣主」、「李廬主人」。

　　光緒二十五年己亥（1899）冬，時年二十歲，李叔同購得由清大學士紀曉嵐家散出的「漢甘林瓦硯」，上篆有「甘林」二字，並有小字〈硯銘〉數行，是清朝乾隆時名流紀曉嵐撰寫，記錄當年與同朝大臣劉石庵（劉墉）互相觀賞藏硯之題記。李叔同極為珍視，遍徵海內名士題詞，徵得作者三十餘人，既贊

〔註31〕袁希濂：〈余與大師之關係〉，《弘一大師新譜》，頁33。

李叔同風雅嗜學能文，善鑒別金石，又稱古硯珍奇可賞。李叔同將這些題詞，連同古瓦硯手拓本和〈硯銘〉，於該年刻印《漢甘林瓦硯題辭》二卷，分贈友人。同一年，亦開始籌備編輯自己的印譜，收集李家所藏之舊印，合自治印大部分作品，印拓輯匯成冊，計劃出版《李廬印譜》，去信給徐耀庭，幫忙蓋印圖章。

在城南草堂的生活，李叔同接觸到許幻園的生活方式，不禁由衷地表示讚嘆，先是填了〈清平樂‧贈許幻園〉一闋，〔註32〕表達對許幻園風流文采的傾慕之情，並藉閑適逍遙如田園般生活方式之生動概括，一句一景的季節變化，顯現許幻園之瀟灑與超脫。後又有七絕酬酢之作〈和宋貞題城南草堂圖原韻〉一首，〔註33〕藉由感嘆幻園夫妻間的恩愛，抒寫自己欣得知己，朝夕聚首之情懷，尤其詩的最後一句：「休管人生幻與真」，對於一時間尚未能釐清的人生本質問題上，表現出任由它去的灑脫之情。在李叔同尚未加入文社之前，袁希濂、蔡小香早與許幻園相過從，自文社活動結識李叔同後，與許幻園一樣，對李叔同傾慕有加。另外，在光緒二十六年庚子（1900）春，經江蘇常熟人龐樹松居間介紹，李叔同、蔡小香得識江蘇江陰名士張小樓，張又由李、蔡之介紹，結識城南文社盟主許幻園和袁希濂。〔註34〕許、蔡、李、張、袁，五人才情氣質相近，彼此欽慕有加，遂結金蘭之誼，稱「天涯五友」，合影留念。李叔同以成蹊之名，書題「天涯五友圖」（圖2）。宋貞在合影圖上為五位友人一一賦詩題詠，其中詠叔同之詩最為醒目：「李也文名大如斗，等身著作膾人口。酒酣思詩湧如泉，直把杜陵呼小友。」可惜宋貞為其他四友之題詠，已無可尋覓。〔註35〕許幻園夫人宋貞亦名流才女，據說出生之時母夢見仙女來降，故字夢仙。幼年從學清末著名政論家王弢園，能文

〔註32〕李叔同：〈清平樂‧贈許幻園〉：「城南小住，情適〈閑居賦〉，文采風流合傾慕，閉戶著書自足。陽春常駐山家，金樽酒進胡麻，蘺畔菊花未老，嶺頭又放梅花。」《弘一大師詩詞全解》，頁8。

〔註33〕據徐正綸之解析，一八九七年，宋貞與許幻園遷入上海大南門青龍橋「城南草堂」。一九○○年舊曆七月，宋貞為城南草堂作圖一幅，並題七絕一首：「花落花開春復春，城南小築寄閑身。研前寫畫心猶壯，莫為繁華失本真。」許幻園將此畫在友人中廣泛徵求題句，以後將這些題詞匯集成冊出版，題為《城南草堂偶和集》。《弘一大師詩詞全解》，頁12～13。

〔註34〕五人相識過之程，依據金梅〈李叔同與《「天涯五友圖」序》之作者病紅山人〉一文之考證，《李叔同影事》，頁80～85。

〔註35〕金梅：《李叔同影事》，頁73。

章詩詞，有《天籟閣詩稿》存世，後又就靈鶼京卿學畫，宗七鄉家法，而能得其神韻，時人以出藍譽之。宋夢仙不僅才貌稱絕，且人品高潔。庚子年間因戰亂之故，內地百姓多有流離避亂於滬地，老弱孤貧顛躓於道間。宋夢仙乃售罄其所藏所作書畫以賑濟，道義於心不讓鬚眉。凡此之類，皆讓叔同欽佩。而令叔同感到親切的是，母親王氏與夢仙極為投緣，常與她一起說詩評畫。加之夢仙身弱多病，王氏為之治理調養，視如己出，叔同於心中認作大姊。〔註36〕

圖2　1900年，天涯五友圖，標題為左一的李叔同所題

出處：《弘一大師新譜》

〔註36〕清道人：〈宋夢仙夫人小傳〉：「夫人諱貞，姓宋氏。方誕時，其母夢旛蓋徧滿空中，有女子衣雲錦衣，暉麗彪炳，金光四照，手奉玉簡，來降於庭。自言曰：余董雙成也。因以玉簡授母，寤而生夫人，故字曰夢仙。幼挺秀容奇發，弱齡七歲，入小學過目成誦。雖在童儒，神情峻徹，精進幼勤，業冠儕輩。……年十八（一八九四），嫁上海許鑅，鑅亦才士，時號雙璧。長洲王韜、元和江標，皆負時望，因與夫鑅並詣門下。執贄請業，至此名譽日茂。……夫人善書畫，工篆刻。光緒庚子，『拳匪』擾攘，天下震動。西北人民，相率避亂，老弱蒲伏，顛跙於道。夫人曰：裙布荊釵，史無可脫，遂贊書畫以為賑濟。豪家貴族，競相乞請，歎未曾有。」《弘一大師新譜》，頁48～49。
〈題許幻園夫人宋夢仙遺畫〉：「夢仙大姊，幼學於王弢園先輩，能文章詩詞，又就靈鶼京卿學畫。畫宗七鄉家法，而能得其神韻，時人以出藍譽之。是畫作於庚子（1900）九月，時余方奉母居城南草堂。花晨月夕，母輒招大姊說詩評畫，引以為樂。大姊多病，母為治藥餌，視之如己出。」《弘一大師詩詞全解》，頁173。

光緒二十六年（1900），歲在庚子，正月，作〈二十自述詩〉，自為序道：

墮地苦晚，又攖塵勞。木替花榮，駒隙一瞬。俯仰之間，歲已弱冠。
回想往事，恍如昨晨。欣戚無端，抑鬱誰語？爰託毫墨，取誌遺蹤。
旅邸寒燈，光僅如豆，成之一夕，不事雕劉。言屬心聲，乃多哀愁。
江關庾信，花鳥杜陵。為溯前賢，益增慚恧。凡屬知我，庶幾諒予。
庚子正月。〔註37〕

序文中感慨青春易逝，人生易老，轉眼之間已是弱冠之年。《禮記》云：「二十曰弱，冠」〔註38〕、「已冠而字之，成人之道」。〔註39〕古代士大夫子弟到了二十歲，舉行隆重的加冠之禮，以代表他已經成年，但經驗還不足，所以「弱」。加冠之後，呼喚他的別號而不叫名，這是對待成年之道理。《孟子・滕文公下》又云：「丈夫之冠也，父命之」。〔註40〕在舉行加冠典禮時，由父親主持，並以做丈夫的道理訓勉他，期許日後成為一個大丈夫。但對李叔同來說，父親已在十五年前逝世了，二十歲理應於家族長輩親友面前行冠禮的李叔同，這一年卻是在舉家遷往他鄉中度過，也許因為如此，讓一直衣食無憂又有天涯五友常相聚首的李叔同，感到人世的無常與心緒的哀怨，翻滾的思緒只能寄情於筆墨，聊表心聲。

庚子暮春三月，「天涯五友」與同人，在上海福州路楊柳樓臺舊址組織「海上書畫公會」，參加者有一時名流烏目山僧、湯伯遲和書畫家朱夢廬、高邕之等人。同人雅集，以書畫會所作為品茗賞畫之所。創刊於四月，每星期（三、日）出《書畫公會報》二紙，第一、二期交《中外日報》免費附送。第三期起自行發售，每張售價大錢十文。而在第三期第六幅（每張上下共分六幅），刊登李叔同書法篆刻潤例「醿絑閣李漱筒潤例」。〔註41〕又出版《李

〔註37〕林子青：《弘一大師新譜》，頁37。

〔註38〕〔清〕孫希旦撰；沈嘯寰、王星賢點校：《禮記集解・曲禮上》，頁120。

〔註39〕《禮記集解・冠義》，頁1412。

〔註40〕〔宋〕朱熹著：《四書章句集注》（臺北：大安出版，1999年），頁371。

〔註41〕袁希濂〈余與大師之關係〉：「庚子三月，在上海福州路楊柳樓臺舊址組織海上書畫公會，為同人品茶讀畫之所。每星期出《書畫報》一紙，常熟烏目山僧宗仰上人，及德清湯伯遲，上海名畫家任伯年、朱夢廬、畫家高邕之等，俱來入會。」《弘一大師新譜》，頁38。林子青在該頁的按語中交代《書畫公會報》創刊發行過程與李叔同書篆潤例所載期數。金梅〈李叔同哪能見到任伯年〉一文，則對袁希濂在文中所列的「上海名畫家任伯年」亦來入會一事，可能是記錯，任伯年在海上書畫公會成立前五年已經去世，李叔同是不可能見過任伯年。《李叔同影事》，頁86～89。

盧印譜》，並自作〈李盧印譜敘〉。全文僅用二百三十三字，概述中國幾千年印源、治印、論印等印學發展史，言簡意深，實為中國印學史上一篇不朽名作。〔註42〕。是年秋，叔同出版《詩鐘彙編初集》，並自為序，敘述在上海文社之雅集。冬月，撰〈李盧詩鐘自序〉。是年長子準生，作〈老少年曲〉一闋：

> 梧桐樹，西風黃葉飄，日夕疏林抄。花事匆匆，零落憑誰弔？朱顏鏡裡凋，白髮愁邊繞。一霎光陰，底是催人老。有千金，也難買韶華好。

在喜獲麟兒，人生邁入新的階段，理當歡欣稱慶之際，李叔同反而再度感到「朱顏鏡裡凋，白髮愁邊繞」、「一霎光陰，底是催人老」，於是心情顯得有些頹唐和沮喪。對於時光消逝，年齒漸增這一自然現象，李叔同總是特別容易傷感。

　　綜觀李叔同到滬後之表現，在城南草堂居住僅一年餘的時間，即相繼出版《李盧三種》：《漢甘林瓦硯題辭》、《李盧印譜》、《李盧詩鐘》，又組織「海上書畫公會」，從而聲名大開，廣受上海名士器重與贊揚。

二、返鄉探親、退學風波

　　正當叔同與友文人相得、名揚上海之際，光緒二十六年庚子六月（1900），義和團引來八國聯軍佔領天津向北京進攻。當聯軍佔領天津之際，天津人民的生命財產遭受極慘重的損失，叔同仲兄文熙一家，亦逃難至河南內黃。八月十四日八國聯軍攻入北京，展開長達十三個月的佔領。期間不僅焚燒宮殿園林、掠奪珍寶，更到處搶掠，屠殺北京城內的居民。慈禧連同光緒帝早在聯軍進城之翌日逃離北京，輾轉抵達西安，並命李鴻章與列強議和。光緒二十七年辛丑（1901），簽訂《辛丑條約》，八國聯軍之役正式結束。李叔同擬前往探視仲兄

〔註42〕〈李盧印譜序〉：「肇自獸蹄鳥跡，權輿六書。撫印一體，實祖繆篆。信縮戈戟，屈蟠龍虫也。範銅鑄金，大體斯得，初無所謂奏刀法也。趙宋而後，茲事遂盛。晁王顏姜，譜派灼著。新理蠭達，眇法葩呈。韻古體超，一空凡障，道乃烈矣。清代金石諸家，蒐輯探討，突駕前賢；旁及篆刻，遂可法尚。丁黃唱始，奚蔣繼聲，異軍特起，其章臺焉。蓋規秦撫漢，取益臨池，氣采為尚，形質次之。而古法畜積，顯見之於揮灑，與論之於刻劃。殊路同歸，義固然也。不佞僻處海陬，昧道懵學，結習所在，古歡遂多。爰取所藏名刻，略加排輯，復以手作，置諸後編，顏曰『李盧印譜』。太倉一粒，無裨學業，而苦心所在，不欲自薶。海內博雅，不棄窳陋，所深幸也。」《弘一大師新譜》，頁38～39。

文熙一家，臨行填〈南浦月〉一闋，留別上海。回津途中經大沽口，看著遭受兵火劫難的故鄉，頗多傷感，然終因交通阻塞，未至內黃。居津半月，仍回上海。此行往返，將途中見聞及與親友來往，所作詩詞十餘首輯成《辛丑北征淚墨》，詩詞中憂國傷時之愁惱哀傷，字字淚，字字血，令人不忍卒讀。在天津半月期間，李叔同拜見了昔日的業師趙元禮，師徒二人相別有年，此番得以短暫重逢，不勝唏噓。待李叔同回到上海之後，將《辛丑北征淚墨》詩稿奉恩師閱正，趙元禮在雨窗展誦之際，不禁涕泗雙垂，應筆題詞，於詞中感嘆生命易逝，歲月不待，而對國家命運懷抱著深深的憂慮。〔註43〕

滿清政府經甲午戰敗之慘痛教訓，部分官員意識到興辦新式學堂與培養新式從政人才和經濟人才之重要性。盛宣懷自從光緒二十二年丙申（1896）奏請成功，在天津創辦北洋西學堂後，光緒二十七年辛丑（1901），再次奏辦南洋公學，開設特班，從古文功底深厚之年輕學子中擇優招生，擬經預讀之後拔優保送經濟特科，其目的即為適應形勢，為清政府選拔培養像曾國藩、李鴻章那般通曉實務的經世之才，此是南洋公學開辦以來之高級班，由名翰林蔡元培先生出任中文總教習。

李叔同改名李廣平應考入學，從蔡元培受業。特科班除英文、算學及體操為共同科目外，由蔡元培手寫修學門類，及每一門類應讀之書，與其讀書先後次序。由學生根據喜好和特長自主選擇一至二門。學生自由讀書，寫日記，送教習批改。每月命題作文一次，由教習批改。每生隔十來日聆訓話一次。〔註44〕蔡元培在正課外，教學生留意時事，閱讀有益書籍，教學生種種

〔註43〕《辛丑北征淚墨》首有辛丑四月藏齋（即趙幼梅）題詞：「神鞭鞭日駒輪馳，昨猶綠髮今白顏。景光愛惜恒欷歔，矧值紅羊遭劫時。與子期年常別離，亂後握手心神怡；又從郵筒寄此詞，是淚是墨何淋漓。雨窗展誦涕泗垂，檐滴聲聲如唱隨，嗚呼吾意儻誰知！」《弘一大師新譜》，頁41。

〔註44〕黃炎培〈吾師蔡元培哀悼辭〉：「師之教吾輩，日常課程，為半日讀書，半日習英文及算學，間以體操。其讀書也，吾師手寫修學門類，及每一門類應讀之書，與其讀書先後次序。……每日令寫札記呈繳，手自批改。——隔一二日發下，批語則書於本節之眉。佳者則於本節左下角加一圈，尤佳者雙圈。每月命題作文一篇，亦手自批改。……全班四十二人，計每生隔十來日聆訓話一次。吾輩之悅服吾師，尤在正課以外，令吾輩依志願習日本文，吾師自教之。師之言曰：今後學人須具有世界知識。世界日在進化，事物日在發明，學說日新月異。讀歐文書價貴，非一般人之力所克勝。日本迻譯西書至富，而書價賤，能讀日文則無異於能遍讀世界新書。至日語，將來如赴日留學，就習未晚。令我輩隨習隨試譯。」《弘一大師新譜》，頁45～46。

研究學術的方法，教讀日本文法，和文漢讀，鼓勵學生翻譯日文典籍。蔡元培不僅以言教，並且以身教，他自己孜孜矻矻，終日致力於學問。他痛心於清政的腐敗，國勢之阽危，憂國的心情不時流露於詞色。他具有溫良恭儉的美德，從不以疾言厲色待人。〔註45〕蔡元培的言行帶給李叔同深遠的影響，其引導學生學日語，翻譯日文書，李叔同的成績即是在光緒二十九年癸卯（1903）三月及五月，接連翻譯出版日人玉川次致的《法學門徑書》和太田政弘、加藤正雄、石井謹吾三人的《國際私法》。〔註46〕目的欲加強國人之法律觀念與國民之主體意識，使具國際思想，懂國際之願則，以挽救國家政治前途，作改正條約之預備。〔註47〕

　　光緒二十八年壬寅（1902）秋，各省補行庚子、辛丑恩正科鄉試。叔同即赴鄉試亦未酬，仍回南洋公學。當時特班學生多是秀才、舉人，如劭力子、黃炎培、謝無量、胡仁源，待遇高，住在上院。南洋公學的學生皆是住校，或兩人一間宿舍，或一人一間宿舍。李叔同即是一人住一間，宿舍內佈置簡潔雅致，四壁張掛書畫。因為特班學生多出自南方，對通行北方之普通話很難說好，日後從政必受影響，於是自發成立一個小組，請生長在北方的李叔同教普通話。由於李叔同在書畫、篆刻、詩歌、音樂方面有過人的天資和素養，

〔註45〕邵力子：〈我所追念的蔡先生〉：「我從蔡先生受業是在南洋公學特班，為時僅只一年。……他以名翰林，受盛宣懷氏禮聘來做我們的國文總教習，他當然不能明白的鼓吹革命，但早洗盡一切官僚教育的習氣。他教我們閱讀有益的新舊書籍，他教我們留意時事，他教我們和文漢讀，他教我們以種種研究學術的方法。他不僅以言教，並且以身教，他自己孜孜兀兀，終日致力於學問。他痛心於清政的腐敗，國勢之阽危，憂國的心情不時流露於詞色。他具有溫良恭儉的美德，從不以疾言厲色待人。」《弘一大師新譜》，頁46。

〔註46〕林子青：《弘一大師新譜》，頁54。林氏稱大師所譯二書為吾國近代法律學最初介紹國際法公權與私權之譯著。大部分傳記、小說皆依此說。然而，田濤先生並不認同：「需要說明的一點是，李叔同翻譯的這兩本書，雖然是較早介紹西方法學與國際私法的著作，但並非像部分傳記所稱為最早的著述。一則早在十九世紀六〇年代，已有國際法學著作輸入中國；二則清末十數年間，以留學生為主體翻譯的法學著作為數甚多，僅國際法方面就有數十種，有一些書的出版先於李叔同的譯作。」《百年家族——李叔同》，頁94～95。

〔註47〕耐軒《國際私法》一書的序言中說道：「李君廣平之譯此書也，蓋慨乎吾國上下之無國際思想，致外人之跋扈飛揚而無以為救也。故特揭私人與私人之關係，內國與外國之界限，而詳哉言之。苟國人讀此書而恍然於國際之願則，得回挽補救於萬一，且進而救政治之發達，以為改正條約之預備，則中國前途之幸也。」《弘一大師新譜》，頁55～56。

又有一種溫和靜穆的風度，讓人覺得是一位有才華又不矜持的人，同學們都樂意與李叔同親近交往。〔註48〕

是年冬，南洋公學學生因不滿學校當局之壓制，發生罷課風潮，結果鬧成全體退學，特班生亦相率離。蔡元培事先曾從中調停，不得要領，乃毅然和退學學生脫離該校，並全力支持學生。學生出校後，其所主持的中國教育學會成立愛國學社，接受退學學生。部分學生進入愛國學社，並與二十世紀初年的革命運動結下不解之緣。〔註49〕然而，李叔同不在其中，其深厚的舊學積澱和多愁善感的性格，妨礙李叔同有更激進的表現。〔註50〕

科舉應考三回，屢試不中；應考入南洋公學特班就讀兩年，遭逢退學風潮，肄業；於此國是日非之際，報國無門，一腔牢騷憂憤，盡寄託於風情瀟灑間；亦曾走馬章臺，廝磨金粉，與坤伶楊翠喜、歌郎金娃娃、名妓謝秋雲輩，以藝

〔註48〕黃炎培：〈我也談談李叔同先生〉，《弘一大師新譜》，頁45。

〔註49〕蔣慎吾〈與中會時代上海革命黨人的活動、三愛國學社和教育會〉：「到一九〇二年，上海先有中國教育會的創辦，發起人為章炳麟、蔡元培、黃宗仰等。……蔡子民被舉為會長。……至十一月十六日（國曆十月十七日），在上海的國立南洋公學發生罷課風潮，所有特班、政治班頭班、二班、三班、四班、五班、六班學員二百餘人，紛紛退學。……該會會長，本係南洋公學特班教習，事先曾從中調停，不得要領，乃毅然和退學學生脫離該校。……其退學的原因，係由於該校當局壓迫言論自由，不許高談革命，甚至保皇派所主持的《新民叢報》也禁止閱讀。」林子青《弘一大師新譜》，頁52。閔杰：《近代中國社會文化變遷錄·第二卷》，頁276：「1902年11月16日，上海南洋公學200餘名學生為抗議學校當局蠻橫專斷，集體退學，引起社會輿論的強烈震動，呼為『此中國學生社會一大劈頭之大紀念也。』這是中國近代第一次大規模的學潮。南洋公學風潮起因於一個極小的事端。公學教習郭鎮瀛，思想頑固，禁止學生閱新書新報，每見必斥之，學生積不平。某日，郭氏至五班，見教案上有一空墨水瓶，問何人所置，學生不答，郭氏以為受戲弄，遂告校方，隨便將一學生記大過。五班學生至總辦處為該生辯護，遭斥。學生大憤，商議以退學抗議。諸教習出面調解，學生提出斥退郭氏，又被校方拒絕。11月14日，五班學生向各班演說，申明退學理由。15日，各班學生200餘人向校方請願挽留。總辦曰：『學生私自聚眾演說，大干例禁，不可不以此示儆。』學生與之反復辯論數小時。總辦怒，云：『五班已開除，非諸生所得干預，願去者聽。』學生受此羞辱，憤極，16日集體退學。並聲明：『學生者，國家所以生存之要素。今教習悍然以奴隸待學生，為種種之束縛，總辦復頑鈍抑壓學生言論之自由，是等奴隸教育，凡為國民，誰能堪之。』（《大公報》1902年11月29日《南洋公學學生出學始末記》）」

〔註50〕田濤：《百年家族──李叔同》，頁96。

事相往還。〔註51〕光緒三十年甲辰（1904），二十五歲，曾填〈金縷曲〉贈歌
郎金娃娃（圖3）以見志：

> 秋老江南矣。忒匆匆，春餘夢影，樽前眉底。陶寫中年絲竹耳，走
> 馬胭脂隊裏。怎到眼都成餘子。片玉崑山神朗朗，紫櫻桃，慢把紅
> 情繫。愁萬斛，來收起。　　泥他粉墨登場地。領略那英雄氣宇，
> 秋娘情味。雛鳳聲清清幾許。銷盡填胸盪氣，笑我亦、布衣而已。
> 奔走天涯無一事，問何如聲色將情寄。休怒罵，且游戲。〔註52〕

這闋詞一條主線著重在讚賞擅於扮演女角的歌郎金娃娃，用許多等同於女性
的描寫來稱揚金娃娃的技藝，如上片的「走馬胭脂隊裡，怎到眼都成餘子」，
即拿金娃娃與女人進行比較，聲稱自己見過的美貌女子，沒有人可以比得上
他；「紫櫻桃，慢把紅情繫」，則直接將形容女子小口之詞句，用在金娃娃身
上；下片的「秋娘情味」是指金娃娃扮演女角的逼真；「雛鳳聲清清如許」，既
以「雛鳳」喻稱少女，在整句中也用來比喻金娃娃的歌喉高出老角一籌。而
在稱讚金娃娃之際，另一主線即藉此寫自己心緒的變化。從上片「愁萬斛，
來收起」到下片「銷盡填胸盪氣」，詩人看到金娃娃的姿容，收起了「萬斛」
愁緒；聽了金娃娃的歌聲，又使充塞自己心中的不平之氣，煙消雲散。詩人
即是以自己解憂消愁的過程為映襯，從另一個側面烘托金娃娃的不同凡響。
最後幾句是整闋詞之關鍵：「笑我亦、布衣而已。奔走天涯無一事，問何如聲
色將情寄。休怒罵，且游戲。」即是詩人在當時的形勢下所能作的一種無奈
的人生選擇。畢竟自己僅是一個手無寸鐵的書生，雖有憂國憂民之心，救國
救民之志，但無補天回天之力，只能發發牢騷，寫寫詩文，喊喊口號而已。在
無可奈何之下，以寄情聲色，遊戲人間來麻痺自己，找心靈的安慰。〔註53〕

〔註51〕姜丹書〈弘一律師小傳〉.「先是上人年少翩翩，浪跡燕市，抱屈宋之才華，生
　　　　叔季之時會。一腔牢騷憂憤，盡寄託於風情瀟灑間；亦曾走馬章台，廝磨金
　　　　粉，與坤伶楊翠喜、歌郎金娃娃、名妓謝秋雲輩以藝事相往還。抑蓮為君子之
　　　　花，鰕然泥而不滓。蓋高山流水，志在賞音而已，醉翁之意，未必在酒也。」
　　　　《弘一大師新譜》，頁58。
〔註52〕林子青：《弘一大師新譜》，頁58。
〔註53〕徐正綸：《弘一大師詩詞全解》，頁59～63。

圖3　1904年，25歲，填〈金縷曲〉贈歌郎金娃娃以見志

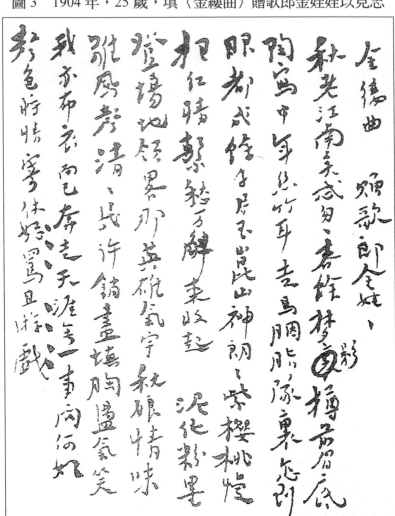

出處：《弘一法師翰墨因緣》

　　這幅書作顯然不是為了展現自己的書法技巧而寫，雖然在撇捺的筆畫上看得見隸書之用筆習慣，有幾個字的起筆留有碑刻的刀削痕，但整體看來細滑之筆畫甚多，筆筆只用筆尖輕畫，不見骨力，結體疏散緊密不一，章法凌亂，有重筆修改之處，有強調加點註記之處，既是寫贈給知己，怎麼能如此輕率寫就？其實正是知己，所以不必掩藏，這無奈的、無力的、煩躁的，甚至是憂憤的心緒，透過筆尖傳達，是知己必定能懂能明白。書法能反映人的情感，在此可見一斑。

　　李叔同少年時代熱愛戲劇活動，在天津結識孫處（即孫菊仙，藝名「老

鄉親」)、楊小樓(藝名「小楊猴」)、劉永奎等京劇名角。後來在上海、天津兩地又結識活躍於當地的京劇演員金娃娃和秦腔女伶楊翠喜,對他(她)們的扮相和演技非常欣賞,以致隔三差五必去捧場。〔註54〕李叔同不僅欣賞別人演戲,自己也粉墨登場,在遷居上海後,先後票演過京劇《趴蠟廟》(京劇《八大拿》之一)、《白水灘》(清《通天犀》傳奇中之一折),在劇中分別飾演黃天霸、褚彪、十一郎,所扮演的角色劇照至今還流傳於世,其英俊、威武之扮相令人為之傾倒。〔註55〕於是在此刻寄情聲色之際,填詞贈歌郎金娃娃以見志。又在同年(1904)二月,於歌筵賦一律以寄慨,又作二絕句贈語心樓主人。隔年(1905)春,填〈菩薩蠻〉二首,懷楊翠喜;又寫一絕,〈為老妓高翠娥作〉。楊翠喜早年與李叔同結識自不待言;語心樓主人與高翠娥之生平至今未詳,但同屬因年老色衰而受到冷遇和遺棄的歌妓。李叔同除了對她們的悲慘境遇特別同情和憐憫外,更是「借他人酒杯,澆自己塊壘」,在她們身上另有寄託和寓意。〔註56〕此外,又曾將一腹牢騷,以詩書筆(扇子)寄姪麟璽,作〈滑稽題詞〉四絕。而在是年(1904)十一月初三日,次子端生。

　　不過,李叔同並沒有頹唐沉淪太久,很快地又重新振作起來。

三、創作新戲冊、編唱歌集

　　光緒三十年甲辰(1904)十月,革命黨人柳亞子(1887～1958)、陳去病(1874～1933)在上海創辦中國第一份戲劇刊物《二十世紀大舞台》。該刊的「發刊辭」正式打出戲劇革命的大旗,號召組織「梨園革命軍」,揭開清末戲劇界革命的序幕。

　　在中國四種傳統文學體裁即詩歌、散文、小說、戲劇,其中,前三種在戊戌維新運動時期,維新派以「詩界革命」、「文界革命」和「小說界革命」的響亮口號,顯示標新立異、革易傳統的鮮明態度,當此之際,戲劇界陳腐依舊。期間雖有教會學校和某些中國人創辦的新式學堂師生排演過一些文明新

〔註54〕陳星:《天心月圓‧弘一大師傳》(濟南:山東畫報出版社,1994年),頁21。徐正綸認為陳星說李叔同「對梆子坤伶楊翠喜的演藝更是欣賞,以致隔三差五必去捧場」的說法,未必準確。具體析論,參見《弘一大師詩詞全解》,頁74～75。

〔註55〕豐子愷:〈法味〉,《弘一大師永懷錄》,頁308。徐正綸:《弘一大師詩詞全解》,頁48～49。黃愛華:〈李叔同早期戲劇活動考論〉,《上海戲劇學院學報》,2001年第3期(總101期),2001年3月,頁50～58。

〔註56〕徐正綸:《弘一大師詩詞全解》,頁76。

戲，但舊戲在民眾中影響太深，新戲的演出僅掀起些許波瀾。

光緒二十八年壬寅（1902），清政府因推行「新政」〔註57〕被迫放鬆統治，戊戌政變後被壓抑的各種改革思潮重新擡頭。當年，梁啟超在《新民叢報》創刊號上發表劇本《劫灰夢傳奇》，明確把創作新戲作為改良社會風俗的一種手段。其後，他又創作《新羅馬傳奇》、《俠情記傳奇》，為戲劇界革新進行了有益的探索。

光緒三十年甲辰（1904），國內民主革命思潮風起雲湧，革命黨人與立憲派人（維新派在新形勢下的改稱）一起成為傳播新思想、新觀念的主角。當年，為有效利用戲劇這種對下層社會影響較大的文藝形式啟迪民智，柳亞子、陳去病、汪笑儂（1858～1918）等人創辦了《二十世紀大舞台》期刊。雖然僅出兩期，即因言辭激烈而遭清政府查禁，但引發的戲劇革命熱潮卻不可遏止。

至宣統三年（1911）清政府被推翻前，戲劇革命主要表現在兩方面：一是在內容上，改變傳統戲劇迴避現實的狀況，出現一大批反映當時重大事件的作品。另外，有些劇作家還選用西方歷史題材，塑造一批歐美資產階級革命志士的形象，借西方魂以育中國人；並配合女權運動，創作一批反映婦女解放的劇本。其次，在表演藝術上，中國傳統戲劇中程式化的表演逐漸為日常生活動作所代替，由傳統戲劇的表意為主向以寫實為主嬗變，出現了中國舞臺上前所未有過的燕尾服、十字架、雪笳、懷錶和行握手禮、接吻等西方化的服裝、道具和動作。〔註58〕

光緒三十年甲辰（1904），馬相伯（1840～1939）與穆藕初（1876～1943）

〔註57〕 義和團拳亂和八國聯軍後，民間出現反彈聲浪，慈禧深恐列強視其為禍首，又懼漸失民心而難以照舊統治下去，遂於光緒二十六年十月十日（1900年12月1日）發布上諭，任命李鴻章、榮祿、張之洞、劉坤一等重臣，條陳改革朝政、吏治、民生、科舉、兵政諸事宜。光緒二十七年十二月十日（1901年1月29日），正式頒布新政上諭，開始一場內容與戊戌變法相近的改革，即「庚子後新政」。在政治上，裁撤冗官冗衙，增設新官署以符合實際需要，如巡警部、練兵處等；軍事上，廢除武舉、裁減綠營兵、創設武學堂等；改革社會陋習，如容許滿漢通婚、禁止女子纏足、吸食鴉片等。其中，以教育改革規模最大，先是在光緒二十七年七月（1901年6月），諭令自明年起，廢除八股程式，鄉試、會試等均試策論，並停止武科。八月（9月），諭令各省所有書院改為學堂，課程除原先的四書、五經外，又加入西方政治研究。九月（10月），令各省選拔學生到海外學習西方知識，最後在光緒三十一年（1905年），廢除歷時一千多年的科舉考試。整理自《晚清民國史》，頁144～149。

〔註58〕 閔杰：《近代中國社會文化變遷錄‧第二卷》，頁378～381。

等，在上海組織以興學強國為宗旨的「滬學會」，所開辦的活動不少：練習操槍，提倡尚武精神；宣傳講究衛生和移風易俗以廣開風氣；預辦義學、創音樂會、演文明新劇等活動，欲以此使國家獨立富強，〔註59〕李叔同於此年加入滬學會。

　　隔年，光緒三十一年乙巳（1905），撰寫《文野婚姻新戲冊》，為宣揚婚姻自由而作。新戲劇本寫成之後，曾作詩四首以為紀念：

　　　　床笫之歡健者恥，為氣任俠有奇女。
　　　　鼠子膽裂國魂號，斷頭臺上血花紫。

　　　　東鄰有兒背佝僂，西鄰有女猶含羞。
　　　　蟪蛄寧識春與秋，金蓮鞋子玉騷頭。

　　　　河南河北間桃花，點點落紅已盈尺。
　　　　自由花開八千春，是真自由能不死。

　　　　誓度眾生成佛果，為現歌臺說法身。
　　　　孟旃不作吾道絕，中原滾地是胡塵。〔註60〕

雖然《文野婚姻新戲冊》至今已不見傳，但從四首詩大概可推斷這部新戲是由四齣短戲組成。四首詩分別代表四齣短戲之主題思想：女子獨立、婚姻自由、捨身報國、爭取自由。作者藉由一文一野兩對婚姻故事，一反傳統舊戲中才子佳人戲模式，一改這類戲中「有情人終成眷屬」之套路，而著重在歌頌了為追求自由不惜犧惜自己幸福，獻出個人生命的「健者」和「奇女」，並將來自現代社會生活人物之思想和行為，與當時反清革命之社會現實相互連繫，透露中國戲劇向現代性轉變。最後一首肯定戲劇之社會功利價值，「誓度眾生成佛果」，戲劇應以提高群眾之思想覺悟，使之從愚昧朦朧狀態中解脫出來為目的。因此，「為現歌臺說法身」，演員必須通過在舞臺扮演種種形象以宣傳先進思想和道理。「孟旃不作吾道絕，中原滾滾是胡塵」，若今日不去繼承寓教於樂的戲劇傳統，放棄通過戲劇這一有力宣傳，以教育、喚醒民眾，振興中國，則偉大的祖國將為帝國主義瓜分始盡，難脫滅亡之命運。〔註61〕

〔註59〕林子青：《弘一大師新譜》，頁60：「按語」。
〔註60〕林子青：《弘一大師新譜》，頁66：〈為滬學會撰《文野婚姻新戲冊》既竟，系之以詩〉。
〔註61〕徐正綸：《弘一大師詩詞全解》，頁47～52。

從光緒二十七、二十八年（1901～1902）起，隨著日文轉譯的西方社會政治書籍的大量出版，自由平等思想得到廣泛傳播。光緒二十九年癸卯（1903）在思想界提倡各種新學說的潮流中，婚姻自由觀念開始倡興，此後直至宣統三年辛亥（1911）綿延不絕，主要表現有三大主題：

一、鼓吹婚姻以愛為基礎，反對門第觀念和追求財富；

二、倡導婚戀自主，反對父母包辦；

三、讚美一夫一妻制，批判納妾舊傳統。

自光緒二十九年癸卯（1903）起，金一《女神鐘》、何大謬《女界淚》，秋瑾等人都大聲疾呼男女婚姻自由。在新思想的影響下，一些風氣開化地區的女性，勇敢破除習俗偏見，實行自由擇偶，尤其是受過教育的學生，自由擇偶一時竟成風氣。與婚姻自由相對的是離婚自由也得到社會輿論的重視與同情，一夫一妻更是受女界贊同。〔註62〕在這提倡男女平等，婚姻自由的風潮下，李叔同新戲冊之創作，具有一定的時代意義。

除了戲劇革新熱潮於光緒三十年甲辰（1904）興起外，同年，各省教育部門根據清政府《奏定學堂章程》中關於小學堂、中學堂、大學堂課程設置的規定，紛紛飭令各屬，在本地堂內開設音樂，以裨益風教，激發忠君愛國之志。

在新式學校中普及音樂教育於戊戌維新運動時期已被提出，康有為的教育方案中，小學課程就有「歌樂」一門。此後，音樂在精神方面的作用日益為人肯定，留學生在音樂傳播方面發揮了重要作用。〔註63〕

光緒二十八年壬寅十一月（1902年10月），留日學生沈心工（1870～1947）發起東京留學生會館開辦音樂講習會，請日本音樂教育家鈴木次郎講授樂歌。沈氏自己創作樂歌，也從這時開始。光緒二十九年（1903）初，沈氏從日本回國，在南洋公學附屬小學任教唱歌，以授學生。中國學堂有「唱歌」一課，就是從這時開始。後來沈氏把自製的樂歌編成《學校唱歌集》三集，出版於光緒三十年至光緒三十三年（1904～1907）間，是中國最早的唱歌教本。〔註64〕

另外，較早成立的音樂團體是留日學生在東京發起的亞雅音樂會，於光緒三十年甲辰（1904）成立，創辦人曾志忞（1879～1929）、嚴智怡（1882～1935）

〔註62〕閔杰：《近代中國社會文化變遷錄·第二卷》，頁651～662。

〔註63〕陳振江、江沛主編：《晚清民國史》，頁242～244。

〔註64〕林子青：《弘一大師新譜》，頁74：「按語」。

等，聘日本人鈴木次郎為教員，招收首批學生四十餘人，六月二十九日開始授課，七月十六日舉行成立慶祝會，輿論稱：「此會也，可謂我中國數千年來未有之盛會，將來中國音樂界之起端基於此矣。」〔註65〕

康有為教育方案中於小學課程設「歌樂」一門，之所以遲至光緒三十年才得以推行，在於真正懂得現代作曲與具創造力之音樂人才甚少。因此，近代新式學堂的音樂課歌曲，其曲調多採歐美和日本之旋律，再以淺顯之語言填詞或配詞而成。當時，眾多音樂家如沈心工、曾志忞、李叔同等大力譜寫新歌曲以啟迪民智。〔註66〕

「祖國歌」是李叔同早期的作品，具體創作時間不詳，曾在滬學會的刊物上發表過，其歌詞如下：

> 上下數千年，一脈延，文明莫與肩。縱橫數萬里，膏腴地，獨享天然利。國是世界最古國，民是亞洲大國民。嗚呼，大國民！嗚呼，唯我大國民！幸生珍世界，琳琅十倍增身價。我將騎獅越崑崙，駕鶴飛渡太平洋。誰與我仗劍揮刀？嗚呼，大國民，誰與我鼓吹慶昇平？

〈祖國歌〉是一首歌名和歌詞略改於〈大國民〉一歌之作品。曲調是採用當時民間頗為流行的樂曲〈老六板〉加工而成，所配歌詞，字裡行間充滿了強烈的愛國熱忱，一經傳唱，立即成為風靡一時的流行歌曲，廣為一般男女青年傳誦，豐子愷說：「李先生這〈祖國歌〉可以說是提倡民族音樂的最早的先聲。」〔註67〕

同年，曾志忞所編《教育唱歌集》與沈心工所編《學校唱歌初集》，分別由東京和上海出版後，在當時新興學堂風行一時，也受到了當時在滬學會補習科教唱歌的李叔同注意。他稱道曾、沈二子「紹介西樂於我學界」，但又感到這兩本歌集中的歌詞「僉出近人撰著，古義微言，匪所加意，余心恫焉！」〔註68〕因此親自動手，從《詩經》、《楚辭》和古詩詞中選出十三篇，一一配以

〔註65〕留日學生曾志忞、嚴智怡於東京成立亞雅音樂會之史料，見閔杰：《近代中國社會文化變遷錄・第二卷》，頁390。輿論所稱內容，見該頁注1：《大公報》1904年8月3日《東京留學生亞雅音樂會成立》。

〔註66〕閔杰：《近代中國社會文化變遷錄・第二卷》，頁381～392。

〔註67〕黃炎培：〈我也來談談李叔同先生〉：「我至今還保存著李叔同親筆寫他自撰詞自作曲的〈祖國歌〉，當時曾被一般男女青年傳誦。」林子青《弘一大師新譜》，頁60。豐子愷之語，轉引自馬文戈：《李叔同：名如何愛如何生命該如何》，頁54。

〔註68〕《國學唱歌集・序》：「樂經云亡，詩教式微，道德淪喪，精力旁撋。三稔以還，沈子心工，曾子志忞，紹介西樂於我學界，識者稱道毋稍衰。顧歌集甄錄，僉

西洋和日本曲調，連同兩段崑曲的譯譜合為一集，顏曰「國學唱歌集」，於次年（1905）出版。〔註69〕《國學唱歌集》的宗旨是以音樂形式來弘揚國粹，用意是以夷夏觀念來激發民眾的愛國心，其志趣與國粹派是相接通，它的完成標誌著李叔同已躋身於中國現代音樂先驅人物的行列。〔註70〕

四、母親辭世辦文明喪禮

光緒三十一年乙巳（1905）二月初五，李叔同母親王太夫人逝世。李叔同扶柩乘輪回津，按禮儀開弔出殯。二十世紀初，上海、天津等通商口岸城市開始仿照西方改革喪禮，作為其先導的是現代訃告的出現，即受西方影響，刊載於報刊，利用報紙這一現代傳播媒介，迅速告知親友。〔註71〕因此《大公報》在 1905 年 7 月 23 日即以「文明喪禮」為題，作為訃文之預告，云：

> 河東（區）李叔同廣平，新世界之傑士也。其母王太夫人月前病故，
> 李君特定於本月二十九日開追悼會，盡除一切繁文縟節，別定儀
> 式。

這篇預告以「新世界之傑士」讚揚李叔同，勇於對舊式喪儀進行革新。次

出今人撰著，古義微言，匪所加意，余心恫焉！商量舊學，綴集茲冊，上泝古《毛詩》，下逮《崑山曲》，靡不鰓理而會粹之。或譜以新聲，或仍其古調，顏曰「國學唱歌集」，區類為五」。林子青《弘一大師新譜》，頁 64。

〔註69〕林子青：《弘一大師新譜》，頁 64：錢仁康〈息霜三歌小考〉。

〔註70〕田濤：《百年家族——李叔同》，頁 120：「二十世紀初年，在西方文化大舉湧入，傳統文化日見蠶食的背景下，一些文化人從民族的觀點出發，申明『夷夏之防』，表彰宋末、明末漢民族志士和遺民的氣節，闡釋中國經史學問、語言文字、音韻訓詁、詩歌辭賦、金石書畫、戲劇、美術、音樂等等，以保種存學。一九〇五年初，上海出現『國學保存會』，緊接著《國粹學報》發刊，鄧實、黃節、劉師培、章炳麟等人大力倡導，成為國粹派的中堅。他們以提倡國學，保存國粹，發揚國光，反對醉心歐化為職志，把國粹視為一國精神之所託，成為當時思想文化界頗有影響的一種思潮。以夷夏觀念來激發民族排滿反清，是國粹思潮的政治性質，……李叔同編寫《國學唱歌集》的志趣，與國粹派是相接通的。」馬文戈：《李叔同：名如何愛如何生命該如何》（北京：中國言實出版社，2015年），頁 54：「1905 年 5 月，由上海中新書局出版發行的《國學唱歌集》，是李叔同早期歌曲創作的代表性作品。它的完成標誌著李叔同已躋身中國現代音樂先驅人物行列。這部歌曲集的根本宗旨是要以新的音樂形式來弘揚國學精粹」。然而林子青《弘一大師新譜》，頁 64 載道：「但其後他對此書深覺不滿。他說『去年從友人之請，編《國學唱歌集》。迄今思之，實為第一疚心之事。前已函囑友人，毋再發售，並燬板以謝吾過』。（見《音樂小雜誌·昨非錄》）」

〔註71〕閔杰：《近代中國社會文化變遷錄·第二卷》，頁 336～342。

日，訃文又以「天津追悼會之儀式及哀歌」為題，公布新儀式內容，並附「哀啟」：

> 啟者：我國喪儀，繁文縟節，俚俗已甚。李叔同君廣平，願力祛其舊。爰與同人商酌，據東西各國悼會之例，略為變通，定新儀如下：
>
> 一、凡我同人，倘願致敬，或撰詩文，或書聯句，或送花圈花牌，請勿饋以呢緞軸幛、紙箱扎彩、銀錢洋圓等物。
>
> 二、諸君光臨，概免弔唁儀，倘須致敬，請於開會時行鞠躬禮。
>
> 三、追悼會儀：甲、開會。乙、家人致哀辭。丙、家人獻花。丁、家人行鞠躬禮。戊、來賓行鞠躬禮。己、家人致謝向來賓行鞠躬禮。庚、散會。同人謹白。〔註72〕

可見此次追悼會對喪禮儀式之改革，主要內容是引入西式追悼會，摒棄舊喪禮的鋪張浪費和請僧道誦經的迷信活動。叔同母親去世之時，引入西式追悼會雖已開風氣，但未成主流，故李叔同為其母所辦之追悼會，尤為別開生面，而由李叔同親撰之哀歌，是中國近代最早用於追悼會上的哀歌，〔註73〕其歌詞如下：

> 松柏兮翠蕤，涼風生德闈。
>
> 母胡棄兒輩，長逝竟不歸！
>
> 兒寒復誰恤，兒饑復誰思？
>
> 哀哀復哀哀，魂兮歸乎來！〔註74〕

李叔同的父親於光緒十年甲申（1884）去世，王氏長期寡居為夫守節，直至病逝，故歌詞中以「松柏翠兮」象徵李母德操堅貞。「涼風」即北風；「德闈」為循守封建禮教之內室，以「涼風吹德闈」意指不幸的事降臨到母親身上。之後便以「兒」為第一人稱來表達悲切沉痛的心緒。〔註75〕李叔同對母親之情，可從豐子愷在〈法味〉一文中得知：

> 他父親生他時，年紀已經六十八歲，五歲上，父親就死了。家主新故，門戶又複雜，家庭中大概不安。故他關於母親，曾一皺眉，搖著頭說：「我的母親——生母很苦！」他非常愛慕他母親。二十歲時

〔註72〕訃文預告與哀啟，見林子青《弘一大師新譜》，頁67～68。

〔註73〕閔杰：《近代中國社會文化變遷錄‧第二卷》，頁341。

〔註74〕林子青：《弘一大師新譜》，頁70。

〔註75〕徐正綸：《弘一大師詩詞全解》，頁95～98。

陪了母親南遷上海，住在大南門金洞橋畔一所許宅的房子——即所
謂「城南草堂」，肄業於南洋公學，讀書奉母。他母親在他二十六歲
的時候就死在這裏。他自己說：「我自二十歲至二十六歲之間的五六
年，是平生最幸福的時候。此後就是不斷的悲哀與憂愁，直到出
家。」……他講起他母親死的情形，似乎現在還有餘哀。〔註76〕

從豐子愷所敘述的這段話可知道，李叔同因父親早逝，所以非常愛慕他母親，
而當年十九歲時之所以遷居上海，不只是因為避禍，更是為了脫離大家族，不
再讓母親受苦。而在城南草堂讀書奉母這五、六年時光，是他人生最幸福的時
候，此後直至出家，就是不斷地悲哀與憂愁。

　　追悼會於光緒三十一年乙巳六月二十九日（1905 年 7 月 31 日）舉行，
採用西式，由叔同自彈鋼琴，唱悼歌，參加者四百餘人，贈挽聯哀詞二百餘
幅，喪禮轟動一時。1988 年 4 月 20 日《天津日報》的「文藝副刊」，金圖、
塞科兩先生以「李叔同史料的新發現」為題，對當時的喪禮有詳細的報導和
分析：

〈哀啟〉雖署「同人謹白」，但證以前日的「李君特定於七月二十九
日開追悼會，別定新儀」等語，可大致推定乃是出於叔同手筆。

　　李母之喪還在清末，戊戌變法失敗後，封建勢力反撲。以二十
六歲的青年，能在較上海遠為守舊的天津倡導喪禮改革，的確表現
了很大的膽識。那時他尚未留學，並非出於洋教育的灌輸，可見他
的思想何等開通！

　　又喪禮後數日，八月三、四日的報上，又連續刊載了〈西國喪
服制考〉，顯然是李叔同改革的餘波。十來天中，共刊有關材料五篇，
顯見叔同此舉造成的社會影響之深廣了。——五篇材料中的又一篇，
是八月二日〈記悼會〉。除記述追悼會實況外，更可貴的是從李叔同
在津的社會關係等方面提供了難得的資料。報導說，在「到者四百
餘人」中，有奧工部官何君（當時李家在奧國租界）、醫官克君、高
等工業學堂顧問官藤井君、松長君、單味仁司馬、學務處總辦嚴範
孫君、高等工業學堂監督趙幼梅君，及各學校校長教育員等，大半
皆與斯會，可云盛矣。

　　一個中國平民家庭的喪儀，竟有外賓多人參加；又叔同剛從上

〔註76〕豐子愷：〈法味〉，《弘一大師永懷錄》，頁 309。

海來津，就能號召起整個教育界，可見他的交游之廣，名氣之大。

出席名流中，趙元禮（幼梅）固為叔同老師，至於嚴範孫與李的交誼，則鮮為人知。〔註77〕

從這篇報導的分析可見，李叔同未受洋教育前即已有開通的思想，勇於改革舊喪儀，是繼創作新戲冊、編唱歌集後，再一次追隨維新思想的積極表現，而且交遊廣泛、名氣甚大，為當時社會帶來廣大的影響。

父母在，不遠遊。如今父親辭世已有二十周年，母親也已安葬李家祖墳。似乎可以暫時拋卻心中的牽掛，出外遠游了。於是在喪禮結束後，將妻子和兩位年幼的孩子留在天津老家，獨自一人回到上海，再從上海起程東渡日本，同時，將自己的名字改為「哀」，號息霜。臨行填〈金縷曲〉一闋（圖4），留別祖國，並呈同學諸子：

披髮佯狂走。莽中原，暮鴉啼徹，幾枝衰柳。破碎河山誰收拾，零落西風依舊，便惹得、離人消瘦。行矣臨流重太息，說相思、刻骨雙紅豆。愁黯黯，濃於酒。　　漾情不斷淞波溜。恨年來、絮飄萍泊，遮難回首。二十文章驚海內，畢竟空談何有？聽匣底、蒼龍狂吼。長夜淒風眠不得，度群生、那惜心肝剖。是祖國，忍孤負。〔註78〕

詞的上片一開端即用伍子胥出逃的典故，說明此時此刻倉皇的心情。第二、三句藉由聽覺與視覺兩個側想，烘托出中國衰敗的景象。祖國山河之所以如此破碎，在於「西風依舊」，「收拾」乏人，致使他臨別時牽腸掛肚，甚至焦思苦慮，為之「消瘦」。由此反映出李叔同對祖國愛之深、憂之切。詞的下片主要在抒寫此行的志願，而自己臨走時的感情，就像吳淞江的波濤般，翻騰不已。進而批判起自己的許多往事：「恨年來、絮飄萍泊，遮難回首」，這幾年來東遊西蕩，無所成就，即使參加「城南文社」，詩詞俱佳，名列第一，「二十文章驚海內」，但在他看來，這些也「畢竟」只是書生「空談」，於國無補。詩人又運用「匣底蒼龍」的典故，表示自己懷才待用，要為誰而用呢？詞的最後幾句對此作出嚴肅的回答：「度眾生，那惜心肝剖。是祖國，忍孤負。」為了拯救人民，哪怕披肝瀝膽，也在所不惜，對於祖國豈能忍心辜負？詩人以此概括了離國赴日留學之動機與目的。整闋詞風，慷慨激昂，悲天憫人的一腔孤憤，躍然紙上，

〔註77〕林子青：《弘一大師新譜》，頁68～69。
〔註78〕林子青：《弘一大師新譜》，頁70。

使人讀來蕩氣迴腸，久久不能自已。相較於一年前贈歌郎金娃所填的〈金縷曲〉，從消極轉為積極，由徬徨進入行動，標誌著作者的思想感情經歷了一次質的飛躍。〔註79〕這幅書作相對於一年前所寫贈金娃娃的〈金縷曲〉，雖然輕滑細筆仍是不少，但不再那麼消沉無力，對想表達之心志用筆較為重些，甚至加點加圈強調，彷彿急切地要告訴同學諸子，我就是像伍子胥那樣啊！如此衰敗動亂的國家誰來救啊？我十分地憂心，你們能懂嗎？寫字即寫志，在這裏可以深切地感受得李叔同的憂國之情。

圖4　1905年，26歲，填〈金縷曲〉——留別祖國，並呈諸同學諸子

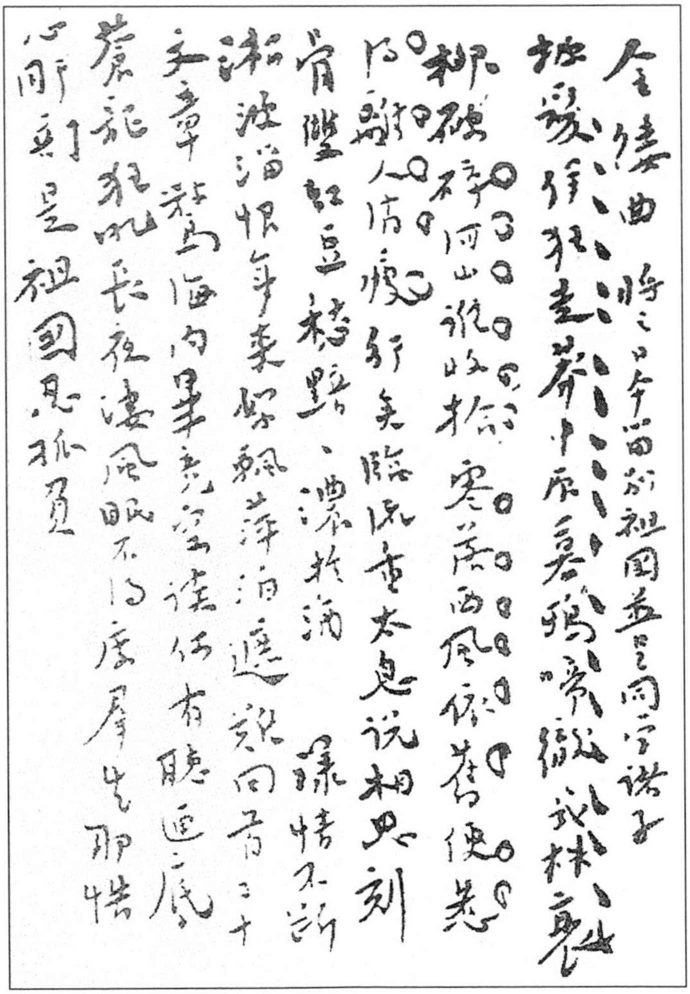

出處：《弘一法師翰墨因緣》

〔註79〕徐正綸：《弘一大師詩詞全解》，頁98～103。

第三節 留日學藝時期（1905～1911）

　　日本自西元 1868 年明治維新開始，資本主義獲得迅速發展，並蓄積力量向外擴張侵略，以吞併朝鮮、侵略中國作為它的基本國策。中國自古以天朝大國自居，視鄰國日本為一蕞薾三島或野蠻諸藩。然而在光緒二十一年（1895）中日甲午戰爭後，兩個同樣經過改革的亞洲國家，其國力竟是如此懸殊，讓有識之士對日本有極大地改觀，而明治維新所引進的君主立憲、代議政府，將權力從過去集中於少數人的情況變成具全國性質，大大影響當時中國的維新派人士。如康有為便經常以日本為改革成功的模範，清末慈禧所推行的庚子後新政亦以日本為模仿對象。他們認為與其學習西方，不如到更近的日本。光緒二十二年丙申五月七日（1896 年 6 月 15），清政府派遣的首批官費留日學生唐寶鍔等十三人抵達日本。這是繼十九世紀七〇年代因洋務運動而向美國、歐洲派遣留學生後，清政府第一次向東方國家派出官費留學生，表明中國學習西方的觀念從直接學習歐美轉為以日本為中介，通過學習日本的科學文化間接地輸入西學。光緒二十九年癸卯（1903），留學日本形成高潮，每年都有千餘名中國人赴日本留學。〔註 80〕

一、創編音樂期刊、參與隨鷗吟社

　　光緒三十一年乙巳（1905），二十六歲，喪禮完畢後，李叔同獨自一人於八月束渡日本自費留學。至日本留學者，大多是選擇與國計民生密切相關的實用性專業，如政治、經濟、法律、軍事、科學、教育等。李叔同所選擇的是文學藝術類專業，是少數人中的其中一個。同年九月，光緒帝下諭，命廢科舉以廣學校，延續一千三百餘年之科舉制度徹底廢除，〔註 81〕李叔同欲以科舉進仕光大門楣之心願，已不可能實現。

　　到了東京之後，或許未能趕上入學考試，直至第二年秋才正式考入東京美術學校。初抵東京，李叔同與大多數追求進步的留學生相同，剪去長辮，脫下長褂，理起西式髮型，並租賃一間小洋房，自取齋名為「小迷樓」，購置相關美術、音樂圖書資料與樂器、鋼琴等，又補習日語。〔註 82〕留學期間，

〔註 80〕參閱閔杰：《近代中國社會文化變遷錄・第二卷》，頁 20～24；陳振江、江沛主編：《晚清民國史》，頁 148～149。

〔註 81〕《晚清民國史》，頁 144～149。

〔註 82〕林子青：《弘一大師新譜》，頁 74～75、80。又齋名「小迷樓」，見諸於留日水彩畫〈山茶花〉之題記，圖 41，頁 172。

生活曾大改變，早浴、和服、長火鉢，諸如此類的江戶趣味，李叔同都嘗試過；而在學畫期間，與一位日本姑娘發生感情並結婚。〔註83〕

　　為了更快學習藝術，開始為留日學生高天梅主編的《醒獅》雜誌撰寫〈圖畫修得法〉與〈水彩畫法說略〉，介紹圖畫之作用與水彩畫之繪法，以輸入新知，裨益自修者。不久，又以一己之力創編《音樂小雜誌》，在日本出版，寄回國內發行。這是繼沈心工於光緒二十八年壬寅（1902）年成立音樂講習會，曾志忞、嚴智怡於光緒三十年甲辰（1904）成立亞雅音樂會之後的又一創舉，揭開中國音樂期刊發展史的第一頁。是年（1905）冬，作水彩畫「山茶花」一幅，自題一詞，此為現存水彩畫遺作之一。近年天津又發現其留日時致徐耀庭明信片上所作水彩風景畫：〈沼津風景〉一件，又稱〈明信片上的風景〉（圖5），現藏天津市藝術博物館，收錄於人民美術出版社《1905～2006中國百年水彩畫集》第一幅。此外，李叔同還創作了炭筆畫〈少女〉（圖6）、〈樂聖貝多芬像〉（圖7）以及中國畫〈為唐企林作山水〉（圖8）、〈蓮藕圖〉。〈樂聖貝多芬像〉發表於音樂小雜誌扉頁，〈為唐企林作山水〉為近年新發現的唯一一幅李叔同山水畫作品。〔註84〕

圖5　李叔同水彩風景畫：〈沼津風景〉

出處：《中國近現代藝術教育家藝術作品選・李叔同作品》

〔註83〕林子青：《弘一大師新譜》，頁83。至於李叔同日籍夫人，田濤《百年家族——李叔同》考述甚詳，故不贅言，可參閱該書頁168～174之敘述。

〔註84〕王芳、楊磊：〈李叔同書畫作品收藏流散及研究情況綜述〉，《收藏家》2021年08期，2021年8月，頁27～34。歐陽長橋：〈新發現的李叔同山水畫及其意義〉，《收藏家》2012年01期，2021年1月，頁26～30。

圖 6　李叔同炭筆畫：〈少女〉

出處：《弘一法師翰墨因緣》

圖 7　李叔同炭筆畫：〈聖貝多芬像〉

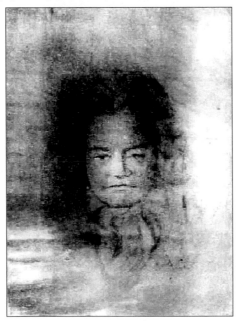

出處：《中國近現代藝術教育家藝術作品選・李叔同作品》

圖 8　李叔同中國山水畫：〈為唐企林作山水〉

出處：《收藏家》，2012 年 01 期

　　光緒三十二年丙午（1906），時值日本明治末年，漢詩頗為流行，其作歌大家，皆善漢詩，故詩社先後崛起，其中以「隨鷗吟社」最負盛名。這一漢詩團體，以鑽研詩道，振興漢詩為宗旨，參加者多當時日本朝野名士，其主要人物有：森　槐南、大久保湘南、永阪石埭、日下部鳴鶴、本田種竹等。該社出版有月刊《隨鷗集》。是年七月（6月），該社於東京偕樂園舉行「追薦物故副島蒼海等十名士」宴會，叔同首次以李哀之名，參與「隨鷗吟社」，賦詩二首，深得與會名士贊賞。自是至翌年，常參與集會，聯吟賦詩，雖然在隨鷗吟社的時間只有半年左右，但叔同常以舊作新詠，如〈春風〉、〈前塵〉、〈鳳兮〉、〈朝遊不忍池〉諸詩，發表於《隨鷗集》，署名息霜、李哀等，深受該集主編大久保湘南之好評，如評〈春風〉一詩云：「李長吉體，出以律詩，頑艷淒麗，異常出色，而其中寄託自存。」又評〈朝游不忍池〉云：「如怨如慕，如泣如訴，真是血性所發，故沉痛若此！」〔註85〕中村忠行則稱：「他的詩風在妖艷裡彷彿呈現沈鬱悲壯的面彩。」〔註86〕

　　是年，自日回津一次，頗有感慨。填〈喝火令——哀國民之心死〉（圖9）一闋見志：

　　　　故國鳴鶗鴂，垂楊有莫鴉。江山如畫日西斜。新月撩人透入碧窗紗。

　　　　　　陌上青青草，樓頭艷艷花，洛陽兒女學琵琶。不管冬青一樹屬誰

　　家，不筦冬青樹底影事一些些。

上片前三句描寫國土淪喪後的一片淒涼景色，作者以「鶗鴂（杜鵑）」、「垂楊」、「莫（暮）鴉」、「日西斜」喻指國家之衰敗。下片隨即筆鋒一轉：「陌上青青柳，樓頭艷艷花，洛陽兒女學琵琶」，呈現在眼前的卻是一派歌樂昇平景象。最後借用「冬青樹」典故，隱喻異族入侵，國家、民族飽受凌辱之慘痛景象。一九〇六年正是舊民主主義革命浪潮在中國大地上洶湧澎湃之時。這時許多有志之士不滿清政府的喪權辱國、昏庸腐敗，有推翻清王朝的強烈願望；但又痛感於人民的麻木不仁，依然燈紅酒綠，歌舞昇平。李叔同亦為此感到焦急、憂慮與悲哀，在詞中藉由兩種對立之景象，映襯出國人在面對山河破碎、國土淪喪的危急局面，仍蜷縮在祖國一角過著醉生夢死的生

〔註85〕林子青：《弘一大師新譜》，頁79。

〔註86〕林子青：《弘一大師新譜》，頁90。金梅〈東京吟唱〉、方愛龍〈隨鷗吟社〉，對李叔同參與隨鷗吟社之活動過程有較為詳盡之敘述，分見《李叔同影事》，頁132～136；《殷紅絢彩——李叔同傳》，頁74～77。

活，由是憂憤之情躍然紙上，而「哀國民之心死也」。〔註87〕

圖9　1906 年，27 歲，自日回津一次，頗有感慨，填〈喝火令——
　　　哀國民之心死〉一闋見志

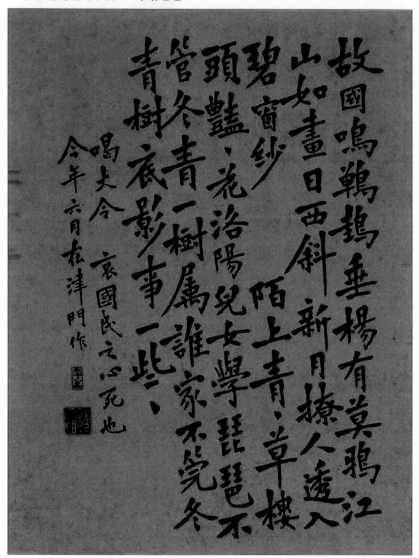

出處：《中國書法》2015 年 07 期（總 267 期）

〔註87〕徐正綸：《弘一大師詩詞全解》，頁 114～146。關於「冬青一樹」，徐氏註曰：
　　　　典出《元史》、《輟耕錄》等書。宋亡後，宋理宗等帝后陵墓為西域僧人楊璉真
　　　　伽所掘，屍骸暴露於野，宋遺民唐珏等人見而憐之，掇拾帝后遺骸合葬，上植
　　　　冬青樹，作為標記。宋末謝枋德〈西臺慟哭記〉，記有此事。清蔣士奇亦將此
　　　　事演為《冬青樹傳奇》。

此件書作是楷體魏碑書風。筆法字勢以〈張猛龍碑〉碑陰風格為主，結體修長，橫畫皆往右上方傾斜；筆畫拉伸，尤其是撇畫與豎筆，有黃庭堅〈松風閣〉筆意在其中，方筆方肩但已收斂鋒棱，線條流暢少見頓挫，整體畫面緊湊單調呆板，又顯得沒有精神，有些字特別矮扁短小，如故「國」、新「月」、「撩人」、「窗」紗、草「樓」、兩句「不管」之「不」字，早年李叔同寫「一」字（見頁 159 圖 30 中的「一」字），受黃山谷書風影響，都是特別拉長，但在這件書作卻一反常態，特別的短，以上種種皆能破壞整體佈局之和諧與美感卻無視之，似能與哀國民醉生夢死、麻木不仁之詞意相對應。

二、隨黑田清輝學油畫、參展

光緒三十二年丙午（1906），陽曆九月二十九日，叔同考入東京美術學校油畫科，隨黑田清輝學西畫。初名李哀，繼名李岸。

東京美術學校為日本明治維新以後，仿照西洋美術學校方式，於西元 1888 年所創立的學校。著名油畫家黑田清輝是於明治十七年（1884）赴法國巴黎，直至明治二十六年（1893）才回國。這十年間，正是法國印象派、後期印象派的全盛時期，黑田清輝學習的當然也是這一畫風，因此與當時一些古典寫實的油畫家相比，黑田清輝傳入的是新的流派，李叔同作為黑田清輝的中國學生，所學的也是印象派畫風的油畫。〔註88〕

當時留日學生學西洋畫者極少，中國留學生僅有二人，除叔同外，另一人為曾延年字孝谷。不久，東京《國民新聞》（德富蘇所辦）記者特往採訪李叔同。其訪問記題為「清國人志於洋畫」，發表於西元 1906 年 10 月 4 日《國民新聞》，並登有李哀西裝全身照片與速寫畫稿一幅。

李叔同在東京美術學校西洋畫科之主要學習內容，是木炭素描（對象主要是石膏像、人體）、色彩寫生（對象主要是裸體模特兒）、油畫等，兼及服飾人物和室外寫生。在求學期間創作了一批油畫作品，〈停琴〉、〈朝〉、〈靜物〉（圖 10）、〈晝〉、〈半裸女像〉、〈拄著柺杖的老人〉、〈冥想〉、〈自畫像〉（圖 11）等，都是這一時期的創作。前四件作品先後參加當時日本最負盛名的西洋畫美術團，由黑田清輝於 1896 年創辦的「白馬會」第 12 回（1909）、第 13 回（1910）展覽，作品〈朝〉（圖 12）被收入《庚戌白馬會畫集》，是這一時

〔註88〕陳振濂：《近代中日繪畫交流史比較研究》（合肥：安徽美術出版社，2000 年），頁 73～74。

期之代表作。之後在此件作品基礎上改進，依舊以〈朝〉為名，於 1920 年發表於在上海出版的《美育》雜誌第四期。〈半裸女像〉於 1911 年被李叔同帶回國內，後藏於上海專科師範學校，曾以〈女〉為名發表於 1920 年 4 月 20 日的《美育》雜誌。這件作品經夏丐尊、葉聖陶收藏後轉贈與中央美術學院，現藏於中央美術學院美術館。〈自畫像〉是李叔同的畢業創作，現藏於東京藝術大學美術館，由於其獨特的新印象派的點彩畫法，1999 年入選「近代東亞油畫——其覺醒和發展」展覽活動，2012 年 9 月被錄入上海人民美術出版社《東京藝術大學藏中國油畫》。2013 年 3 月，中央美術學院美術館舉辦《芳草長亭——李叔同油畫珍品研究展》，重點展出了〈半裸女像〉（圖 13）和〈自畫像〉兩件原件。傳為 1911 年 10 月創作的油畫作品〈靜物〉先後出現在北京華辰春季和融德國際拍賣會上。這件作品尺寸為 40×57 厘米，曾著錄於天津人民美術出版社的《隨弘一大師學佛》和《天津文史‧弘一法師圓寂六十周年紀念專輯》，現為私人收藏。這一時期是李叔同繪畫作品創作的重要時期，奠定了他在中國近現代繪畫史上印象派第一人、水彩畫第一人的先驅地位。〔註 89〕

圖 10　李叔同油畫作品：〈靜物〉

出處：《東方收藏》2018 年 22 期

〔註 89〕王芳、楊磊：〈李叔同書畫作品收藏流散及研究情況綜述〉，《收藏家》2021 年 08 期，2021 年 8 月，頁 27～34。方愛龍：《殷紅絢彩——李叔同傳》，頁 84～88。

圖 11　李叔同油畫作品：〈自畫像〉

出處：《美育學刊》2017 年第 3 期總第 40 期

圖 12　李叔同油畫作品：〈朝〉，收入《庚戌白馬會畫集》

出處：《中國近現代藝術教育家藝術作品選・李叔同作品》

圖 13　李叔同油畫作品：〈半裸女像〉

出處：《中國近現代藝術教育家藝術作品選‧李叔同作品》

三、春柳社公演

　　李叔同在東京美術學校，除從黑田清輝學油畫外，又從日本戲劇革命家川上左團次與東京俳優學校校長藤澤淺二郎學新劇，並在他們的幫助和指導之下，於光緒三十二年丙午（1906）冬，與同學曾延年創立春柳社演藝部，發表〈春柳社演藝部專章〉，闡明演戲之重要，於文中詩曰：「誓渡眾生成佛果，為現歌臺說法身」，足見其欲藉戲劇表演轉移風俗之心志。

　　光緒三十三年丁未二月（1907 年 1 月），中國徐淮水災，春柳社發起「賑災游藝會」義演，集資賑災。地點在日本東京留學生會館，劇目是《茶花女》（圖 14）。《茶花女》是法國小仲馬於西元 1848 年發表的小說，1852 年他又將小說改編成話劇，是一齣藉由愛情悲劇，揭露和控訴資本主義社會的腐朽和虛偽，並同情、讚美貴族青年阿芒和巴黎名妓瑪格麗特之間純真的愛情。小說和劇本都寫得真切自然，感情濃郁，在世界各國流傳很廣。〔註90〕這部文學名著於光緒二十五年己亥（1899），為林紓所翻譯，是中國翻譯文學之濫觴，由福州索隱書屋發行，一時風行大江南北，以致有「外國《紅樓夢》」之稱。「可憐一卷《茶花女》，斷盡支那蕩子腸」，中國人對外國文學的興趣

〔註90〕張海聲編著：《近代中國文化概論》（桃園：昌明文化，2016 年），頁 193～196。

由此而起。〔註91〕

　　春柳社的首演是《茶花女》的最後兩幕，阿芒之父來訪茶花女及茶花女之死，是賑災游藝會的餘興之一，放在節目的最後，所以最受期待。此次公演取得盛大成功，日人驚為創舉，嘖嘖稱道，新聞亦多諛詞，中國戲劇家洪深譽之為「中國戲劇革命先鋒隊」，日本藝術家松居松翁絕讚道：「中國的俳優，使我佩服的，便是李叔同君……與其說這個劇團好，不如說這位飾茶花女的李君演得非常好……李君的優美婉麗，絕非日本的俳優所能比擬。」〔註92〕當然，日本人另外一些評價則說李叔同扮相（圖15）並不好，聲音也不美，表情動作生硬。〔註93〕不過，這些事後批評並不影響李叔同當時的興致。

圖14　1907年，李叔同、曾孝谷〈茶花女〉扮相

出處：《弘一大師新譜》

〔註91〕閔杰：《近代中國社會文化變遷錄・第二卷》，頁149。
〔註92〕林子青：《弘一大師新譜》，頁89。
〔註93〕濱一衛〈關於春柳社的第一次公演〉：「茶花女是李息霜，曾孝谷曾博得好
　　　　評；反之，茶花女是粉紅色的西裝，扮相並不好，他的聲音也不甚美，表情動
　　　　作也難免生硬些。」《弘一大師新譜》，頁89。

圖 15　李叔同飾茶花女半身扮相

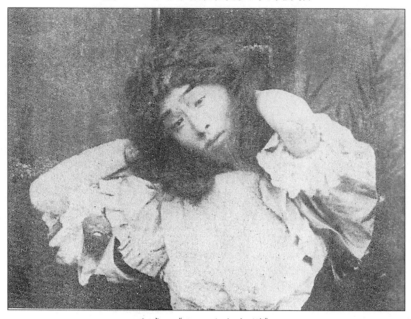

出處:《弘一大師新譜》

　　六月，春柳社開丁未演藝大會，上演《黑奴籲天錄》，內容反映美國黑人
的悲慘命運和反抗精神。全劇分五幕，每一幕之間沒有幕外戲，全部採用口語
對話，沒有加唱，採取純粹的話劇形式。劇本係曾孝谷據林紓同名小說譯本改
編，被視為「中國話劇第一個創作的劇本」。〔註94〕在這次的演出中，曾孝谷
的黑奴妻分別一場，評價最好。李叔同除扮演愛美柳夫人之外，另飾一個跛腳
醉客，得到不少的讚賞，該劇公演亦獲得日本戲劇界的高度評價。此後，春柳
社中的許多社員有的畢業，有的歸國，有的恐妨學業不來了。而在演「籲天錄」
那年的冬天，又借常磐館上演一次（劇名已無人記憶），沒有得到好評，又新
加入人數頓增，意見未能一致，遂使李叔同失去對演劇的熱情，光緒三十四年
戊申（1908），二十九歲，宣布退出劇社，專心致力繪畫和音樂。而春柳社由
於李叔同的退出，因而引起解散的混亂。〔註95〕

　　話劇是西方的一個劇種，又稱新劇、文明戲，其基本形態迥異於唱念做打
俱全的中國傳統戲曲。這些文明新戲，減少了唱腔，增加了對白，對傳統戲劇
進行了較多的改造。在外國時事新戲的影響下，出於革命宣傳的需要，話劇也

〔註94〕歐陽予倩:〈回憶春柳〉,《中國近代文學論文集·戲劇、民間文學卷》（北京:
　　　　中國社會科學，1982 年），頁 311。
〔註95〕林子青:《弘一大師新譜》，頁 96～97。

隨之應運而生。光緒十五年（1889），上海聖約翰書院學生演出新劇《官場醜史》，諷刺政治黑暗腐敗，但其影響僅及於一些教會學校。日後，秋瑾、徐錫麟等革命志士的事蹟和陳天華的《猛回頭》等作品，都曾被編成話劇上演。二十世紀初，汪優遊等人組織中國第一個業餘話劇團——文友會。直至光緒三十二年（1906），李叔同和曾延年組織春柳社，又公演《茶花女》和《黑奴籲天錄》後，標誌著中國話劇的正式誕生。光緒三十三年丁未八月（1907年9月），留日學生王鐘聲歸國組織春陽社，仿照春柳社所為，在上海蘭心大戲院公演話劇《黑奴籲天錄》，登場人物全穿西裝，配以良好的布景和燈光，華美的建築，與傳統戲劇的簡陋的布景形成鮮明對比，給觀眾留下強烈的印象。此後，話劇在上海立足，並創辦學校，培養人才，使話劇至民國初年成為一個較為普及的劇種，得以在有深厚傳統的中國戲劇界立足，發展為中國戲劇中的一個新劇種。〔註96〕

第四節　歸國執教時期（1911～1918）

光緒三十四年戊申（1908）十一月十四日光緒帝逝世，十五日慈禧死，溥儀沖齡踐祚，其父醇親王載灃親政。〔註97〕宣統元年己酉（1909），李叔同三十歲，作〈初夢〉、〈簾衣〉各二絕，感懷家國。宣統二年庚戌（1901），借范當世（1854～1904，初名鑄，字肯堂，號伯子，江蘇南通人。古文師張裕釗、吳汝綸，屬桐城派；工詩，合蘇軾、黃庭堅之長，有《范伯子詩文集傳世》。曾入李鴻章幕府，鑑於李筱樓與李鴻章、吳汝綸之關係，估計范伯子也是李家故交）〔註98〕詩句：「獨念海之大，願隨天與行」書聯贈楊白民，表達行將回國施展抱負之心情。

楊白民（1874～1924）名士照，江蘇松江（今屬上海）楓涇鎮人，秀才出身。甲午戰後，意識到中國之所以失敗，在於教育之落後；日本之所以獲勝，正因教育之興起。人才之培養，實係國家之興衰。故於光緒二十八年壬寅（1902）自費赴日本考察教育。考察回國後，有感日本女子教育之發達，日女子具有較高文化知識和專業技能，在其哺育、教養下成長的孩子，基本素養都

〔註96〕話劇名目形式、誕生和發展，參閱閭杰：《近代中國社會文化變遷錄·第二卷》，頁523～525；張海聲編著：《近代中國文化概論》，頁193～196。

〔註97〕李雲漢：《中國近代史》，頁132～133。

〔註98〕方愛龍：《殷紅絢彩——李叔同傳》，頁97。

在較高水準之上，故於光緒二十九年癸卯（1903）籌建創辦「城東女學」，延攬黃炎培、蕭退闇、劉季平、包笑天、雷繼興、呂秋逸等一批社會名流來校任教。李叔同自從南洋公學散學後，並無正式工作，自從在「滬學會」結識楊白民，並在同學黃炎培推薦下，也成了楊白民「女學」的職員。但時間不長，光緒三十一年乙巳（1905）二月，母親辭世，在辦完喪禮後便去了日本。但與楊白民依舊保持著密切的聯絡，日後兩人成了莫逆之交。民國十三年甲子（1924）八月間楊白民去世，李叔同寫給其女楊雪玖之信中說道：「二十年來老友，當以尊翁最為親厚。」〔註99〕可見李、楊二人之關係非同一般，對李叔同而言，是最親厚的白民老哥。〔註100〕

宣統三年辛亥三月（明治四十四年，1911 年 4 月），李叔同三十二歲，畢業於東京美術學校，結束六年的日本留學生活。此時的清王朝在革命浪潮之衝擊下，猶如一座破敗不堪的危樓。半年之後，武昌起義爆發，各省紛紛響應，辛亥革命成功，1912 年 1 月 1 日，中華民國臨時政府在南京建立。孫中山就任臨時大總統，民主共和取代了延續兩千多年之封建帝制，中國歷史從而揭開新的一頁。〔註101〕

而在辛亥革命爆發前後，金融動盪，李家的百萬資產，一倒於義善源票號，損失五十餘萬元，再倒於源豐潤票號亦數十萬元，幾瀕破產。此是繼母親辭世之後，又一人生無常。李叔同畢業歸國後已不再是富家子弟，開始謀求能發揮自己專長的職業。

一、執教天津、上海

李叔同學成歸國後，先將日籍夫人安置在上海，便獨自一人北歸天津，應聘在老友周嘯麟主事的直隸模範工業學堂任圖畫教員。其間曾作〈焦畫法〉和〈炭畫法〉等文章，並附以圖畫，刊登在楊白民主持的女學校刊上。從美術史的角度來看，李叔同是首先在中國介紹與傳布焦畫法的人。〔註102〕此時辛亥革命尚未爆發，天津相對安定，李叔同在執教之餘，常與友人聚首家中，談文論藝，天涯五友中的袁希濂因於天津任法曹，也是家中常客。這期間李

〔註99〕致楊雪玖（二通）‧一（一九二四年八月十七日，溫州慶福寺），《弘一大師全集‧八》，頁 175。
〔註100〕金梅：〈「最親厚」的白民老哥〉，《李叔同影事》，頁 123～136。
〔註101〕李雲漢：《中國近代史》，頁 143～145。
〔註102〕金梅：〈「最親厚」的白民老哥〉，《李叔同影事》，頁 127。

叔同常用書法表達自己情感，好寫趙執信、洪亮吉、范當世等人詩文。半年後，辛亥革命成功，民國肇建，李叔同以〈滿江紅〉為調，填詞一闋，以為「民國肇建志感」，又書聯贈楊白民：「白雲停陰岡，丹葩耀陽林」，表達傾仰追慕之情。

在天津執教僅半年，即因家道沒落，李叔同不得不離開天津再次南下上海。此一別，直至生命終盡，整整三十年，李叔同再也未能踏上回到天津之路程。

民國元年壬子（1912）春，李叔同應楊白民之邀，任教於城東女學，教授文學與音樂。因為是老友楊白民所創辦的學校，在任教之餘，經常為該校題字、書寫廣告等，對該校有較深的感情，即使任教時間短，離開學校後還曾為該校每年一屆的「遊藝會」題過字。

同年三月十三日，「南社」在上海愚園舉行民國成立後第一次社友雅集活動，也是南社自一八九〇年於蘇州成立以來第六次雅集。南社是一個以文字鼓吹革命提倡氣節的文學團體，主要發起人是陳去病、柳亞子、高天梅等人，社員有二百餘人，而留滬者已有四五十人。參加愚園雅集者有柳亞子、朱少屏、黃賓虹、胡樸安、雷鐵崖、葉楚傖、黃季剛、馬小邁、陳柱尊、曾孝谷、李息霜等四十人。先是愚園茶會，再到影樓攝影，又到杏花樓聚餐，興高采烈，盡歡而散。隨後，李叔同為南社《通信錄》設計「古色古香，彌覺悅目」的粉紅色封面，圖案和題字均出自李叔同之手。（圖 16）李叔同是首次參加南社活動，也就算是加入了南社，成為其中一員。〔註 103〕民國四年乙卯（1915），五月十六日，就在袁世凱政府接受日本提出的喪權辱國的「二十一條」修正案後的一個星期，柳亞子、林秋葉、周佚生、費龍丁等二十餘人，在杭州西湖孤山之西泠印社舉行南社社友臨時雅集，李叔同參與其中，憑弔孤山馮小青之墓。為書同遊諸子題名，立石於其墓側。〔註 104〕

民國元年壬子（1912）三月十三日，中華民國南京臨時政府改組。三月三十日，臨時大總統袁世凱提名蔡元培出任教育總長，滬軍都督陳其美兼任工商總長。〔註 105〕此時，滬軍都督陳其美（字英士，1877～19156）於上海創辦《太平洋報》，主筆葉楚傖，總理朱少屏，李叔同應聘擔任文藝編輯，並主編《太

〔註103〕 林子青：《弘一大師新譜》，頁 104。孤芳：〈憶弘一大師〉，《弘一大師永懷錄》，頁 303～304。

〔註104〕 林子青：《弘一大師新譜》，頁 125。

〔註105〕 《弘一大師新譜》，頁 103。

平洋報》附刊的「畫報」。期間刊登蘇曼殊著名小說《斷鴻零雁記》,發表自己的詩作〈南南曲・贈黃二南君〉,及〈詠菊〉與〈題丁慕琴繪黛玉葬花圖〉二首。又於七月間,於《太平洋報》登「李叔同書例」鬻書。叔同兼工書法,嘗以魏碑筆意題寫「沙翁墓誌」並題記(圖17),又與蘇曼殊為葉楚傖所作「汾隄弔墓圖」,同時印入《太平洋畫報》,稱雙絕。

李叔同在太平洋報社期間,又與柳亞子等人創辦文藝團體「文美會」,會所附設在太平洋報社內。李叔同曾編《文美雜誌》一冊,內容係會友所作書畫及印章搨本,皆為手稿。紙張大小一律,極為精美。開會時會員彼此傳觀,並未印行。民國元年(1912)秋,太平洋報社以負債停辦,文美會創辦未及一年,即無形解散。〔註106〕

圖16　1912年,李叔同為《南社通訊錄》設計圖案及題簽

出處:《與弘一大師對話的日子》

〔註106〕勁草《南社影事・四・南社中葉時期》、胡懷琛〈上海學藝概要〉、〈上海學藝團體・文美會〉,《弘一大師新譜》,頁104～105。

圖 17　1912 年，李叔同以魏碑筆意題寫「沙翁墓誌」並題記

出處：《弘一大師新譜》

二、任事杭州、兼職南京

民國二年癸丑（1913），浙江兩級師範學校，改稱為浙江省立第一師範學校。校長兼任浙江教育司司長經亨頤（1877～1938）以留日情誼相聘，於是李叔同往浙江一師任課，於該校新開設不久的高師圖畫手工專修科擔任圖畫課主授教員，同時擔任全校音樂課的教學工作。經亨頤好金石詩詞，通書法丹青，提倡人格教育。他的辦學思想是德、智、體、美、社交，五育並臻，注重學生個性培養和人格培養，這所學校的校風從所聘請的教師可見一斑。李叔同受聘期間，有夏丏尊、姜丹書、單不庵、堵申甫、王更三等；之後有沈鈞儒、沈尹默、張宗祥、周樹人（魯迅）、馬敘倫等；後期的朱自清、劉大白、俞平伯、陳望道、葉聖陶也都在該校任教師。〔註107〕其中姜丹書畢業於南京優級師範學堂圖畫手工專科，先於李叔同一年到該校執教擔任圖畫手工教員，隨著李叔同的加盟，該校的藝術教育師資力量可謂是在全國也是非常強大，這從該校在李叔同執教期間曾先後培養出吳夢非、劉質平、豐子愷、潘天壽等著名藝術教育家這一點而得印證。再加上經校長注重在德、智、體三育之外培養學生美育思想以健全人格的教育理念和教學方法，也是自辛亥革命以後整個二十世紀健全的中國普通師範學校的先進主流，這種教育模式，為中國的教育事業培養了一批又一批應於國情的藝術教育師資。〔註108〕

〔註107〕田濤：《百年家族──李叔同》，頁 182～183。
〔註108〕方愛龍：《殷紅絢彩──李叔同傳》，頁 105。

李叔同既擔任圖畫、音樂兩課主授教員，力求設備充足，因此學校不僅有採光條件好、畫架齊備的圖畫教室，也有專用的音樂教室和過百數的風琴和兩架鋼琴。〔註109〕據豐子愷的回憶，當時「下午四點時以後，滿校都是琴聲，圖畫教室裏不斷有人在那裏練習石膏模型木炭畫，光景宛如一藝術專科學校」。〔註110〕不僅如此，圖畫教師經常帶領學生到風景入畫的西子湖畔寫生。

李叔同圖畫教學方法，所教的不是中國畫，而是西洋水彩畫和油畫，作為日本著名油畫家黑田清輝的學生，李叔同是第一位從日本引進油畫，與伴隨油畫的一整套美術概念、美術創作意識，為中國繪畫史開風氣之先者。民國二年（1913），李叔同教人體寫生時，更是雇用男性裸體模特兒，站立在臺上，讓學生素描，是中國近代繪畫史上以人體模特兒寫生的第一人。〔註111〕（圖18）

圖18　1913年，李叔同雇男性裸體模特兒教人體寫生

出處：《弘一大師新譜》

在浙江一師任教七年期間，除了圖畫、音樂教授之外，每當學校有重要活動，李叔同總會貢獻自己力量，或為學校校歌譜曲，或為學校運動會題字、設計紀念箋和擔任裁判工作，或發起組織成立藝術團體，或編印文藝刊物。在這

〔註109〕馮藹然：〈憶畫家潘天壽〉，《弘一大師新譜》，頁 134～135。
〔註110〕豐子愷：〈李叔同先生的教育精神〉，《豐子愷文集・文學卷二》第六冊，頁 541。
〔註111〕陳振濂：《近代中日繪畫交流史比較研究》，頁 69～80。

些課外活動中，最有意義者當是編印校友會文藝會刊《白陽》和主事金石研究團體「樂石社」等。

　　民國二年癸丑（1913），夏間，李叔同輯集浙江一師師生作品，編為《白陽》，全部中英文，由李叔同書寫石印，封面設計、題字（「白陽」、「誕生號癸丑五月」）等皆出自李叔同一人手筆，是為中國雜誌封面圖案畫之濫觴。（圖 19）刊物中主要理論文章〈近世歐洲文學之概觀〉、〈西洋樂器種類概說〉、〈石膏模型用法〉、〈音樂小雜誌序〉為李叔同所撰；李叔同作詞作曲的三部合唱歌曲〈春游〉和散文〈西湖遊記〉也是首次登載於本刊。其中〈春游曲〉三聲部合唱，是中國最早的一首合唱歌曲。

圖 19　1913 年，李叔同為《白陽》設計封面並題字

出處：《殷紅絢彩——李叔同傳》

　　李叔同在杭州期間所作詩詞頗多，如〈早秋〉、〈悲秋〉、〈送別〉、〈憶兒時〉、〈月夜〉、〈秋夜〉等，這些詩詞，後來在教音樂時，多選取西洋有名歌曲改作，如〈憶兒時〉即取西洋歌曲〈My dear old sunny home〉改作。其中以〈送別〉這首歌曲最為有名，選用的是美國通俗歌曲作家奧德威（J. P. Ordway）所作的〈夢見家和母親〉。李叔同刪去了原曲中的變奏與裝飾的切分倚音，使樂曲顯得更為簡潔流暢，琅琅上口；而柔緩的曲調，蒼涼中略帶

慷慨的意境，恰到好處地刻劃了離別時刻的惆悵，後來被電影《早春二月》和《城南舊事》選作插曲，而使人們耳熟能詳，各級學校亦選作畢業時的離別歌曲之一，傳唱至今。〔註112〕

民國三年甲寅（1914），李叔同利用課餘時間，集合友生組織「樂石社」，從事金石研究。其友人南社詩人姚鵷雛為撰〈樂石社記〉記其事。民國四年乙卯（1915）六月，李叔同撰《樂石社社友小傳》並作〈樂石社記〉，自述發起因緣。小傳共記二十五人之姓名、籍貫及專長，其中多當時杭州知名人士，如經亨頤、堵申甫、夏丏尊、陳偉、費硯、周承德等人。在西湖邊上，有著名的西泠印社，聯絡了東南的金石名家，是文人嚮往之所在。西泠印社當時的社長是吳昌碩，李叔同和經亨頤曾加入印社，李與印社諸人有不少交往，他所組織的樂石社還得到過西泠印社的幫助。〔註113〕

早在民國四年（1915）初，李叔同在南洋公學時的同學江謙（易園）承辦南京高等師範學校（今東南大學前身）時，便想聘請李叔同到該校任職。在南京高師苦苦相求下，李叔同已接受聘書，但因為同事夏丏尊的誠懇挽留，又不忍違背朋友的好意，於是在杭州、南京兩處來回，「一個月中要坐夜車奔波好幾次」。〔註114〕執教時間約近二年，終因不堪兩地奔波往返之勞頓，囑學生李鴻梁前往代授。在兼職南京高等師範學校期間，亦是盡心盡力，將浙江一師學生課外文藝組織活躍的好傳統帶到南京，在學生中倡導成立相關金石書畫團體「寧社」，在假日裏展開活動，並曾借用佛寺陳列古書字畫金石，向青年學生宣講相關知識。〔註115〕

在李叔同任教杭州，熱心於教學、文藝活動之際，民國三年甲寅（1914）七月，與他有金蘭之交的許幻園，將亡妻宋夢仙所繪的花卉橫幅向他展示，並要他為畫幅題辭。李叔同即為之，並賦五律一首（圖20）：

夢仙大姊，幼學於王弢園先輩，能文章詩詞。又就靈鶼京卿學，畫

〔註112〕 對〈送別〉所取用之西洋歌曲的詮釋，參閱陳星《李叔同歌曲尋繹》（臺北：世界文物出版社，1994年），頁55～62。

〔註113〕 田濤：《百年家族──李叔同》，頁182～183。

〔註114〕 夏丏尊〈弘一法師之出家〉：「在這七年之中，他想離開杭州一師，有三四次之多。有時是因為對於學校當局有不快，有時是因為別處有人來請他。他幾次要走，都是經我苦勸而作罷的。甚至於有一個時期，南京高師苦苦求他任課，他已接受聘書了，因我懇留他，他不忍拂我之意，於是杭州南京兩處跑，一個月中要坐夜車奔波好幾次。」《弘一大師永懷錄》，頁191～192。

〔註115〕 江謙：〈壽弘一大師六十週甲〉詩，《弘一大師新譜》，頁125。

宗七薌家法，而能得其神韻，時人以出藍譽之。是畫作於庚子（1900）
九月，時余方奉母居城南草堂。花晨月夕，母輒招大姊說詩評畫，
引以為樂。大姊多病，母為治藥餌，視之如己出。壬寅（1902）荷
花生日，大姊逝。越三年乙巳（1905），母亦棄養。余乃亡命海外，
放浪無賴。迴憶曩日，家庭之樂，唱和之雅，恍惚殆若隔世矣。今
歲幻園姻兄示此幅，索為題辭。余恫逝者之不作，悲生人之多艱，
聊賦短什，以志哀思。

　　人生如夢耳，哀樂到心頭。

　　灑剩兩行淚，吟成一夕秋。

　　慈雲渺天末，明月下南樓。

　　（今春余過城南草堂舊址，樓台楊柳，大半荒蕪矣）

　　壽世無長物，丹青片羽留。

　　　　甲寅秋七月　　　　　李息時客錢塘〔註116〕

光緒二十八年壬寅（1902），宋夢仙以瘵疾（肺癆）卒，時年二十六，清道人
（1867～1920，即近代著名書畫家李梅庵）為撰小傳，傷其早逝。〔註117〕李
叔同睹物思人，想起大姊宋貞，想起母親王氏，想起在城南草堂那幾年文人
相和、奉母讀書的日子，那時還灑脫地說：「休管人生幻與真」，〔註118〕只是
現在題詩的第一句即感嘆道：「人生如夢耳」，說明李叔同此時對人生本質之
認識，已與十年前相異了。大姊、母親相繼辭世，這對李叔同而言是個不可
彌補的損失，再次尋訪「城南草堂」，亦「大半荒蕪」，如同他自己所說，「此
後就是不斷的悲哀與憂愁，一直到出家」，〔註119〕李叔同正是懷著這種「恫
逝者之不作，悲生人之多艱」的沉痛思緒，寫下上述這首短詩。此篇題辭小
字一百七十餘字，筆畫與字形大小相當統一，章法整齊和諧，可見其謹慎毫
不懈怠之情，亦可感受到其對大姊敬重之意。此時李叔同魏碑體書風已經形
成多時，其特點之一是為追求金石味而運用李瑞清筆法，故作抖動而成為書
寫習慣。一方面李瑞清曾為宋夢仙立傳，而他又是李叔同敬重的書法界前輩

〔註116〕林子青：《弘一大師新譜》，頁122。
〔註117〕林子青：《弘一大師新譜》，頁48～49。在按語中，林氏簡介清道人：清道人，
　　　　姓李，名瑞清，字梅庵，江西臨川人。光緒二十年進士，曾官江寧提學，後
　　　　任兩江師範學堂監督。辛亥革命後鬻書上海，號清道人。
〔註118〕李叔同：〈和宋貞題城南草堂原韻〉，《弘一大師詩詞全解》，頁12～13。
〔註119〕豐子愷：〈法味〉，《弘一大師永懷錄》，頁309。

大家，今為自己的大姊遺畫題詞賦詩，用李瑞清筆法是相當地適切。

圖20　1914年，為「宋夢仙遺畫」題詞，並賦五律一首

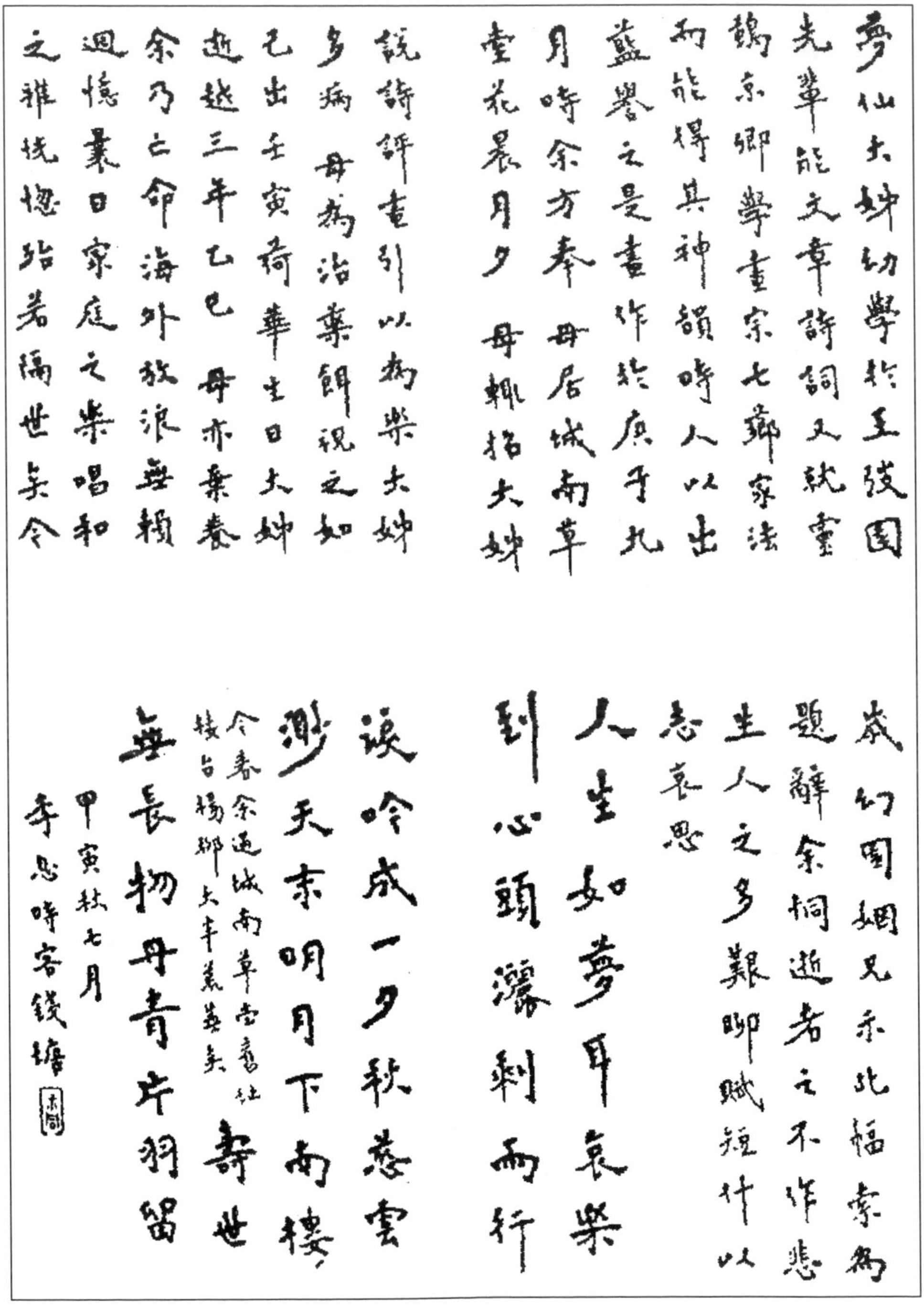

出處：《李叔同影事》

三、虎跑寺斷食

　　李叔同一向清瘦，加之杭州、南京兩地兼課，久而久之，身心俱疲。而日前有卜者說他丙辰有大厄，因體質素弱，自信無壽徵，故刻一印章，曰：「丙辰息翁歸寂之年」。是歲為人作書常用之，連贈給夏丏尊的一紙書作也不例外。〔註120〕

　　夏丏尊（1886～1946），原名鑄，字勉旃，號悶庵，改字丏尊，自號丏翁，浙江上虞人。現代著名教育家、文學家、編譯家。雖與李叔同在同一年（1905）到日本留學，但因不同校，且夏丏尊於光緒三十三年丁未（1907）即回國，故兩人在日本時並不相識。夏丏尊自光緒三十四年申戊（1908）始於浙江兩級師範學堂任教，初任通譯助教，後任國文教員，李叔同到學校任教時，夏丏尊正擔任學校舍監兼任修身課。李叔同與夏丏尊在性情上是相近相契，且夏丏尊對李叔同是相當地推崇，而李叔同出家前後多次為夏丏尊書寫字幅，李叔同斷食是夏丏尊介紹，李叔同斷然出家也有夏丏尊的「索性做了和尚」一句話的「功勞」；出家後的弘一法師與夏丏尊聯繫頻繁，臨終遺偈，在弘一生前的友生中，只寫付給夏丏尊與劉質平；從上述種種事蹟可知，兩人相知相交絕非一般意義上的朋友。〔註121〕

　　李叔同的身體一直以來都不健康，長時為神經衰弱、肺病所苦。在光緒三十二年（1906）閏四月，從日本東京寫給楊白民的信中說：

　　　　囑著之件，久不復命，至歉至歉！弟自正月負神致衰弱症，不耐苦
　　　　思。職是之故，未暇執筆為文。他日少瘳，當必有以報命也。〔註122〕

在東京留學時的李叔同，因神經衰弱症而無法完成楊白民付囑之事。然而，叔同的神經衰弱症是從何時開始？在民國十三年（1924）十二月，寫給其姪李聖章的信中說道：「神經衰弱症，始自弱冠之歲，比年亦復增劇。」〔註123〕李叔同從二十歲開始即為神經衰弱症所苦，且病情逐年增劇。

〔註120〕夏丏尊〈護生畫集敘〉：「和尚在俗時，體素弱，自信無壽徵。日者謂丙辰有大厄，因刻一印章，曰『丙辰息翁歸寂之年』。是歲為人作書常用之。余所藏有一紙，即蓋此印章。」《弘一大師新譜》，頁138。

〔註121〕戴嘉枋：〈論弘一法師與夏丏尊之法緣〉，《弘一法師有關人物論文集》，頁67～98。方愛龍：《殷紅絢彩——李叔同傳》，頁122～126。

〔註122〕致楊白民（三一通）・二（一九〇六年閏四月十五日，日本東京），《弘一大師全集・八》，頁85。

〔註123〕致李聖章（一八通）・九（一九二四年舊十二月十六日，溫州慶福寺），《弘一大師全集・八》，頁150。

關於肺病，民國二年（1913）七月十六日寫給許幻園的信中提到：

今日又嘔血，誦范肯堂《落照》（絕命詩）云：「落照原能媲旭輝，車聲人跡盡希微。可憐步步為深黑，始信蒼茫有不歸！」通人亦作此乞憐語可哂也。家國困窮，百無聊賴，速了此殘喘，亦大佳事。〔註124〕

嘔血的現象，或許是肺結核的癥兆。民國八年（1919）四月，在寫給楊白民的信中提到，「尤惜陰居士施送止咳丸，謂其效卓著。竊謂咳嗽之疾有多種，似未可定執一方。以此方雖善，或亦有時未能適用。」因此將藥方寄給楊白民，代為諮詢精於醫理蕭蛻公居士，「乞彼詳為斟定，何種咳嗽，服此最宜，何種咳嗽，服此亦可，何種咳嗽，服此不宜。」請對方詳細寫錄，再寄給尤惜陰居士。〔註125〕民國二十二年（1933）閏五月寫給胡宅梵的信中也提到：「前日又咯血，故宜不久住山中靜養。」〔註126〕從嘔血、治咳嗽藥方、又咯血的情況可知，叔同的身體向來不佳，且須長時靜養。又「家國困窮」，指的是兩樁事：一是指李家破產，百萬資產失於一旦；一是指當時發生反袁二次革命失敗的時代背景。民國元年（1912）三月，袁世凱在北京任臨時大總統；四月一日，孫中山正式解臨時大總統職；五日，在南京的臨時參議院宣布北遷北京。從此，民主力量與袁世凱守舊勢力開始在政治上進行激烈較量。民國元年（1912）十二月，國會選舉開始，至民國二年（1913）三月，國民黨在眾多黨派中獨占鰲頭，獲得參、眾兩院的多數席位。準備組織名副其實的責任內閣。但是三月二十日，袁世凱指使刺殺準備北上組閣的國民黨代理事長宋教仁於上海車站。宋案證據發現後，各地輿論嘩然，袁政府與國民黨對立趨於激化。民國二年（1913）七月，孫中山領導的國民黨人在贛、皖、蘇等省發動二次革命，至九月初，張勳、馮國璋部北軍佔領南京，反袁二次革命失敗，孫中山、黃興等人再度流亡日本。從此，民主力量在政治上完全轉入低潮。〔註127〕原以為辛亥革命成功，民國建立，從此太平，卻又再次陷入動亂；而家族破產，自信無壽徵，致使李叔同在信中傷感，以為若能「速了

〔註124〕致許幻園（六通）・四（一九一三年七月十六日，杭州），《弘一大師全集・八》，頁85。

〔註125〕致楊白民（三一通）・一一（一九〇六年閏四月十五日，日本東京），《弘一大師全集・八》，頁87。

〔註126〕致胡宅梵（六七通）・五四（一九〇六年閏四月十五日，日本東京），《弘一大師全集・八》，頁219。

〔註127〕羅檢秋：《近代中國社會文化變遷錄・第三卷》，頁87。

此殘喘，亦大佳事」。

　　某日，夏丏尊偶見日本雜誌有關斷食的文章，說斷食為身心更新之修養方法，介紹他閱讀。李叔同遂決心試驗斷食，他在〈我在西湖出家的經過〉中說道：

> 到了民國五年的夏天，我因為看到日本雜誌中有說及關於斷食方法
> 的，謂斷食可以治療各種疾病。當時我就起了一種好奇心，想來斷
> 食一下。因為我那個時候患有神經衰弱症，若實行斷食後，或者可
> 以痊癒亦未可知。〔註128〕

可見李叔同斷食的目的是為治療神經衰弱症。文中繼續說道，斷食的地點經丁輔之居士介紹，選定虎跑大慈山定慧寺（通稱虎跑寺）。此後斷食二十餘日，每日觀察記錄，寫成〈斷食日記〉。夏丏尊在〈弘一法師之出家〉一文中對其斷食經過有極概括的敘述：

> 他的斷食共三星期，第一星期逐漸減食至盡，第二星期除水以外完
> 全不食，第三星期起，由粥湯逐漸增加至常量。據說經過很順利，
> 不但並無苦痛，而且身心反覺輕快，有飄飄欲仙之象。他平日是每
> 日早晨寫字的，在斷食期間，仍以寫字為常課。三星期所寫的字，
> 有魏碑，有篆文，有隸書，筆力比平日並不減弱。他說斷食時，心
> 比平時靈敏，頗有文思，恐出毛病，終於不敢作文。他斷食以後，
> 食量大增，且能喫整塊的肉（平日雖不茹素，不多食肥膩肉類）。自
> 己覺得脫胎換骨過了，用老子「能嬰兒乎」之意，改名李嬰，依然
> 教課，依然替人寫字，並沒有甚麼和前不同情形。據我知道，這時
> 他只看些宋元人的理學書和道家的書類，佛學尚未談到。〔註129〕

從夏丏尊這段敘述可以知道李叔同斷食的大致經過，而在這期間仍維持每日早晨寫字的習慣，有魏碑、篆書、隸書，筆力不因斷食而減弱。在順利完成斷食後，李叔同感到身心方面均起了明顯的變化，一是食量大增，比平日能吃下整塊的肉；二是覺得自己脫胎換骨過了，因此用老子「能嬰兒乎」之意，改名「李嬰」。這期間也只看些理學家、道家的書，尚未談到佛教。此外，在斷食期間，李叔同所臨各種碑帖，皆注明月日所書，並作題記：「丙辰十一月三十日至十二月十八日，斷食大慈山定慧寺所書」（白文印「不食人間

〔註128〕林子青：《弘一大師新譜》，頁136。
〔註129〕林子青：《弘一大師新譜》，頁137。

煙火」，又一印文為「一息尚存」），早年存夏丏尊處，今歸其女夏滿子保存。

李叔同完成斷食出山後所做的第一件事，即至杭州的某一影樓去留下斷食後的最初、最真切的形象。（圖 21）出山返校不久，李叔同應學生朱穌典之請，為他書寫「靈化」二字橫披（圖 60，頁 184），並於題記中寫道：「丙辰新嘉平，入大慈山，斷食十七日，身心靈化，歡樂康彊。書此奉穌典仁弟，以為紀念。欣欣道人李欣俶同。」下嵌二白文印：一為「李息」，一為「不食人間煙火」。所謂「靈化」，乃君心轉變之謂也。語出《楚辭・離騷》：「余既不難夫離別兮，傷靈修之數化。」〔註 130〕

圖 21　李叔同斷食十七日像

出處：facebook，弘一大師弘法資料平台

另在題記中有兩個字值得留意，一是「新」字，既表「嘉平」之月的開始，似乎意有所指地表明自己新生之日的開始。如前所述，李叔同曾因「體素弱，自信無壽徵」，又因卜者說他丙辰有大厄，故刻一印章，曰：「丙辰息翁歸寂之年」，對自己的丙辰年（1916）表示一定程度的悲傷情緒，而更在三年前寫給譜兄許幻園的信中表達若能「速了此殘喘，亦大佳事」的灰暗思

〔註 130〕〔戰國〕屈原等原著；黃壽祺，梅桐生譯：《楚辭》（臺北市：臺灣古籍，1998年），頁 7。

想。因此在這一年冬天下了決心將斷食付諸實行後，結果感到「身心靈化，歡樂康強」，無異是重獲「新生」。另一字是「俶」字，在署名「欣欣道人李欣俶同」，突出一個「欣」（歡樂）字，更用「俶同」而非「叔同」，「俶」字在江浙一帶方言音近同「叔」字，雖有諧音之意，但叔同「叔」字旁加一「人」字旁，更是暗喻自己的「新生」。〔註131〕

四、出家助緣

　　自試驗斷食回來後，李叔同開始研究佛法〔註132〕，雖然有脫塵離俗之意向，但尚徘徊在道教、日本天理教〔註133〕和佛教之間。斷食結束後，李叔同曾帶著學生豐子愷到延定巷的一間寓所拜訪馬一浮先生，提到虎跑寺是如何清淨，僧人招待是如何殷勤，並就佛教中的一些問題進行切磋討論。

　　馬一浮（1883～1967）是浙江紹興人，生於一八八三年，小李叔同三歲。號湛翁，晚年自號蠲戲老人，取《論語》「蠲除戲論」之義，簡稱蠲叟。學貫中西，儒佛兼通，是中國近代的國學大師、佛學家。又能作古體詩詞、操古琴，更是中國現代書法泰斗。徐正綸先生說他們志同（憂國憂民）、識同（中西並蓄、儒佛兼修）、趣同（文藝愛好），是從此交誼深厚，彼此相知的根本原因。〔註134〕

　　李叔同與馬一浮於一九〇二年至一九〇三年間，相識於上海，當時李叔同於南洋公學就讀，馬一浮則與友人創辦雜誌，此時僅止於泛泛之交。之後，馬一浮離國赴美而中斷聯繫十餘年。再次重逢，是李叔同歸國於杭州浙江一師任教時，直至出家受具，此數年間，時接談論。李叔同在杭州任教時，曾對他的學生豐子愷說起他對馬一浮先生的印象：「馬先生是生而知之的。假定有一個

〔註131〕方愛龍：《般紅絢彩──李叔同傳》，頁143～144。

〔註132〕李叔同〈我在西湖出家的經過〉：「這一次，我到虎跑寺去斷食，可以說是我出家的近因了。及到民國六年的下半年，我就發心吃素了。在冬天的時候，我即請了許多的經，如《普賢行願品》、《楞嚴經》、《大乘起信論》等很多的佛經，而於自己的房裡，也供起佛像來，如地藏菩薩、觀世音菩薩等等的像，於是亦天天燒香了。」曾議漢編：《人間愛晚晴──弘一大師詩文鈔》（臺北：商周出版，2016年），頁172～173。

〔註133〕李叔同受日籍夫人的影響，一度信仰日本天理教，而在斷食日誌中出現的字詞，如「奉神詔」、「御神樂歌」、「誦神人合一之旨」等等，皆可證明李叔同在斷食期間仍然信奉著天理教。

〔註134〕此小段馬一浮與李叔同之關係、影響，參閱徐正綸〈弘一大師與馬一浮〉一文，收錄於《弘一大師有關人物論文集》，頁13～48。

人，生出來就讀書，而且每天讀兩本（他用食指和拇指略示書之厚薄），而且讀了就會背誦，讀到馬先生的年紀，所讀的還不及馬先生之多。」〔註135〕可見李叔同對馬一浮十分推崇與讚嘆。

徐正綸在〈弘一大師與馬一浮〉一文中提到，對於佛學，李叔同從小受家庭的影響，能背誦某些佛教經典（心經、大悲咒），學會某些佛教儀式（放焰口），還對佛教某些教義產生過思想共鳴。在少年和青年時期所寫的詩篇，如《斷句》、《題文野婚姻新戲冊》、《初夢》、《題陳師曾畫荷花小幅》中，時見佛教思想的閃光，但就總的傾向來說，儒、佛兩學是他的文化思想中並行不悖的兩個重要構成部分。〔註136〕斷食之後，李叔同開始茹素、奉佛、研究佛法，預備出家，但在出家的時間表上，猶豫再三，躊躇不決。曾對夏丏尊說出家有種種難處，以後打算暫以居士資格修行，在虎跑寺寄住，暑假後不再擔任教師職務。民國七年（1918）正月，李叔同目睹馬一浮友人彭遜之在虎跑寺出家的情形，頗為感動，但還不想出家，僅皈依虎跑退居和尚了悟為在家弟子，取名演音，號弘一。就在李叔同將出家未出家的重要時刻，馬一浮不斷從佛法上給予指引，頻頻向他推薦、饋送佛教經典。斷食後李叔同的造訪，馬一浮與他交流學佛的心得體會，對他提出的問題熱情指點。這一切的作法，促使李叔同出家的心理準備更趨成熟與充分。而夏丏尊看見平素所敬愛的好友開始念經吃素，成為佛教居士後，對他口吐狂言說：「這樣做居士究竟不徹底。索性做了和尚，倒爽快！」〔註137〕馬一浮與夏丏尊可說是促成李叔同出家的兩大助緣；一以感性，一以理性，帶給李叔同重大的影響。〔註138〕

是年暑假，叔同將油畫、美術、圖籍，寄贈北京美術學校，音樂書贈劉質平，一切雜書零物贈豐子愷。〔註139〕所收藏之印章，贈與西泠印社。社長葉舟為之鑿龕庋藏，題曰「印藏」以為紀念。同時，將少時朱慧百、李蘋香二妓所贈詩畫扇頁各一，裝成卷軸，送給夏丏尊，自題其端曰：「前塵影事」，並以舊藏金娃娃〈高陽臺〉詞橫幅加跋贈夏丏尊。四月十五日，著海青與一

〔註135〕豐子愷：〈桐廬負暄〉，《豐子愷文集》（杭州：浙江文藝出版社，1990～1992年）卷六，頁27～28。

〔註136〕徐正綸：〈弘一大師與馬一浮〉，《弘一大師有關人物論文集》，頁26～27。

〔註137〕夏丏尊：〈弘一法師之出家〉，《弘一大師永懷錄》，頁191～192。

〔註138〕徐正綸：〈弘一大師與馬一浮〉，《弘一大師有關人物論文集》，頁31～33。

〔註139〕致李聖章（十八通）‧一（一九二二年四月初六日，溫州慶福寺），《弘一大師全集‧八》，頁148。

生關愛的兩位學生——劉質平和豐子愷，學著出家人打坐的樣子合影留念
（圖22）。五月廿二日，書「南無阿彌陀佛」直幅贈楊白民。〔註140〕之後，
持著友人介紹信，專程去嘉興訪范古農居士，垂詢出家後的方針。范古農居
士是清末民初的佛教大德，二十餘歲學佛，民國初年在各地講經說法，上海、
南京、杭州、無錫等處，對當時弘法大德有「三法師二居士」的稱譽。三法
師者，諦閑、印光、太虛三位；二居士者，一位是歐陽竟無居士，另一位就
是范古農，由此可見他在佛教中的聲譽。〔註141〕范古農與他約定，如果不習
慣住寺，可以到他創辦的佛學會住，這裏有藏經可以閱覽。〔註142〕

圖22　1918年，弘一法師將入山修梵行前偕劉質平、
　　　豐子愷二位學生攝影

出處：facebook，弘一大師弘法資料平台

〔註140〕林子青：《弘一大師新譜》，頁157：〈致楊白民書〉。
〔註141〕于凌波：〈弘一大師與范古農居士之道誼〉，《弘一大師有關人物論文集》，
　　　　頁49～65。
〔註142〕范古農〈述懷〉：「民國七年師將出家，大捨其在俗所有書籍筆硯以及書畫印
　　　　章樂器等於友生。道出嘉興，持杭友介紹書見訪，垂詢出家後方針。余與約，
　　　　如不習住寺，可來此間佛學會住，有經藏可以閱覽。」，《弘一大師永懷錄》，
　　　　頁239～241。

第五節　出家修行時期（1918～1942）

民國七年戊午（1918）七月十三日，大勢至菩薩誕辰，三十九歲的李叔同，披剃於杭州虎跑寺，即拜皈依師了悟上人為師，仍用皈依時的法名演音，號弘一。（圖 23）九月，弘一法師至靈隱寺受戒，受戒期間，馬一浮贈以明末蕅益大師的律學著作《毗尼事義集要》，與清初寶華山見月讀體（1601～1679）的律學著作《傳戒正範》。受戒以後，開始長達二十餘年居無定所、雲遊弘法之行腳生涯。

圖 23　1920 年，弘一法師初出家時於杭州留影

出處：《弘一大師論》

一、行腳生涯三階段

這段行腳生涯，大致可分為三個階段，以下略述之：

（一）行腳生涯第一階段

第一階段為出家前兩年（1918～1920），以杭州為中心，主要讀《梵網合注》以及馬一浮之贈書，而發心學戒。〔註143〕

在這兩年當中另有兩件事值得注意；第一件事是，始以筆墨接人。弘一

〔註143〕李叔同：〈余弘律之因緣〉，《中國人的禪修》，頁 207：「披翫周環，悲欣交集，因發學戒之願焉。」。

法師於十月時，至精嚴寺藏經閣（嘉興佛學會所在地）檢閱《清大藏經》，究心毗尼〔註144〕（梵語 Vinaya，意譯為律，泛指佛教戒律）。雖然只有短暫的一個多月，但為會中佛書每部作標籤，閣中清藏全部，亦為之檢理，使該會獲益良多。當時頗有知弘一法師俗名者而求墨寶，但李叔同出家前夕，為姜丹書之母書寫墓誌銘，乃其出家前之絕筆，〔註145〕故十分為難，因與范古農商量。范古農對曰：「若能以佛語書寫，令人喜見，以種淨因，亦佛事也，庸何傷！」弘一法師乃命購大筆瓦硯長墨石各一，先寫一對贈寺，再書贈范古農與求墨寶者。〔註146〕

　　雖然弘一出家後來嘉興前，曾為夏丏尊等極少數老友書寫過佛號和佛經，然其目的在於期望能結法緣、勸好友學佛，日後能「同生極樂，聆妙法音，同施有情，共圓種智」。〔註147〕而此次在嘉興寺「以筆墨接人」、「求者皆應」，〔註148〕是真正意義上以書法弘揚佛法之行為，從而貫串其後半生。然僅寫佛號、佛經偈語贈人，此外所書者絕少，即書亦屬經典語。〔註149〕由是可知，從此刻起確立其以書法度人之方式。

　　第二件事是，表明修學方向與私淑師範。弘一法師於民國九年庚申（1920）六月，將赴新城貝山掩關，將自己宴坐之所名為「旭光室」，請馬一浮題額。馬一浮應允並作〈旭光室記〉說明緣由，於文中指點出弘一之以「旭光」二字名室，在於「專心淨業，遠秉蕅益大師，近承印光長老，以為師範」。〔註150〕

〔註144〕致堵申甫（一五通）‧一：「不慧將於下月初七（舊曆）之嘉禾，寓精嚴寺藏經閣，究心毗尼。」（一九一八年舊九月廿八日，杭州虎跑寺），《弘一大師全集‧八》，頁142。

〔註145〕姜丹書〈弘一大師──傳一〉：「余先母強太夫人墓誌銘，則為其在家時絕筆，書成之翌朝，即悄然入山，故已預署其款曰『大慈演音』矣。」又見載於姜丹書〈追憶大師〉：「我先母墓誌銘，可謂其在家絕筆，亦可謂為出家後開筆之作，因其時人尚住在校中，但已封筆不書，感余踧請之誠，乃破格書之，故已署釋名，詰朝即入山剃度矣。」《弘一大師永懷錄》，頁315～318、242～243。

〔註146〕范古農：〈述懷〉，《弘一大師永懷錄》，頁239～241。弘一法師於精嚴寺藏經閣閱藏、為會中所做之事與因慕名求墨寶而開筆戒者，概依范居士此文所載敘述。

〔註147〕林子青：《弘一大師新譜》，頁157：贈夏丏尊手書《楞嚴經》跋語。

〔註148〕范古農：〈述懷〉，《弘一大師永懷錄》，頁239～241。

〔註149〕姜丹書：〈追憶大師〉，《弘一大師永懷錄》，頁242～243。

〔註150〕馬一浮：〈旭光室記〉，《馬一浮集》（丁敬涵校點，浙江古籍出版社、浙江教育出版社，1996年）第二冊，頁202：「弘一上座專心淨業，遠秉蕅益大師，近承印光長老，以為師範。屬顏其宴坐之所曰旭光，示於四威儀中不違本志。」

　　明代靈峰蕅益智旭大師與近代法雨靈巖印光大師，兩人對淨土法門之貢獻弘大深遠，分別被後人奉為淨土宗第九祖、第十三祖。〔註151〕弘一法師將這兩位視為學習對象，在其生涯中，曾私淑蕅益大師之行，勤禮地藏《占察懺》；一再閱讀《靈峰宗論》諸書，歷經三次抄錄其中嘉言警句整理成《寒笳集》；無數次書寫語錄或自勉或與人結善緣；為其編年譜，更是影響弘一法師研律、弘律之根本所在。

　　弘一法師對近代的印光大師相當敬佩，曾致書王心湛居士，說及自己再三懇求列為弟子之經過，謂於當代善知識中，最服膺者惟印光法師。〔註152〕日後在寫經上，多次得到印光法師指點，從而影響其書藝書風。晚年於泉州檀林福林寺念佛期間，盛讚印光法師之盛德，將自己日常所觀察者舉出四端：惜福、習勞、注重因果、專心念佛，作為淨土學人之榜樣。〔註153〕

（二）行腳生涯第二階段

　　第二階段以民國九年庚申（1920）農曆六月赴新城貝山掩關為起點，溫州慶福寺為中心，自民國十一年辛酉（1921）春至民國二十二年癸酉（1932）夏，凡十一年，期間雖有他處別請，但先後約有十次居住於慶福寺，以研究律宗典籍與著述為主。

　　弘一學律之初，所學者乃是唐代義淨律師（635～713）所譯小乘佛教「根本說一切有部律」，又稱新律，並旁及其著作如《南海寄歸內法傳》等，由此而重視小乘經典，如《佛說無常經》、《阿含經》等。

　　由於對有部律深為讚嘆，用心良多，曾手書《根本說一切有部戒經》一卷，期間編撰有《根本說一切有部毗奈耶犯相摘記》、《根本說一切有部毗奈耶自行鈔》、《學根本說一切有部律入門次第記》等；由於傾心於義淨翻譯的有部律，在對自己所作的《四分律比丘戒相表記》第一、二次草稿中，屢引義淨之說，糾正南山。

　　其後自悟輕謗古德有所未可，遂塗抹之，經多次刪改，方成最後定本。以後雖未敢謗毀南山，但於南山三大部仍未用心窮研，故即專習有部律，〔註154〕

〔註151〕陳揚炯：《中國淨土宗通史》（南京：鳳凰出版社，2008年），頁451～458：「蕅益智旭」、頁472～480：「第十三祖印光」。

〔註152〕致王心湛（五通）‧三（一九二一年十一月初六日，溫州慶福寺），《弘一大師全集‧八》，頁147。

〔註153〕弘一法師：〈略述印光大師之盛德〉，《中國人的禪修》，頁198～199。

〔註154〕李叔同：〈余弘律之因緣〉，《中國人的禪修》，頁207。

如是用功十年之久。

這十年間，之所以從新律逐漸轉向南山律，是來自一位朋友的勸導。時徐蔚如居士（1860～1937）於天津創辦刻經處，專刻南山宗律書，歷時十餘年，逐漸完成。聽說弘一法師學律所宗為有部而輕南山，曾經勸其改學南山，因中國千餘年來秉承南山一宗，今欲宏律，宜仍其舊慣，未可更張。由此，弘一才有「兼學」南山之意。爾後此意漸次增進，至民國二十年辛未（1931）農曆二月十五日居上虞法界寺時，於佛前發願，棄捨有部，「專學」南山，隨力宏揚，以贖昔年輕謗之罪。〔註155〕此後由新律家轉為舊律家，開始大力弘揚南山宗的歷程。

在這階段有件重要之事，是在民國十七年戊辰（1928）冬月，弘一法師隨舊友尤惜陰與謝國樑二居士，搭船欲赴暹羅（泰國）弘法。船至廈門，受到陳敬賢居士招待，介紹他們到南普陀寺去住。弘一在這裏認識了性願、芝峰、大醒、寄塵諸法師，被懇切地挽留。後來尤、謝兩居士乘船繼續南行，而弘一法師在南普陀寺住了幾天後，即至南安小雪峰寺度歲；這是弘一法師首次來到閩南，為日後長住閩南，實現弘律宿願結下法緣。

（三）行腳生涯第三階段

第三階段自民國二十一年壬申（1932）舊曆十月第三度至廈門萬壽巖安居，時至妙釋寺小住，至民國三十一年壬午（1942）舊曆九月圓寂於泉州。整整十年，除民國二十六年丁丑（1937），應倓虛法師之請到青島湛山寺講律，小住數月之外，整個晚年都是在閩南度過。

民國二十二年癸酉（1933）五十四歲。正月初八，弘一法師於是夜夢身為少年，偕儒師行。聞有人誦《華嚴經》，並見十餘長髯老人，結席團坐談法。於是認為此乃在閩弘法之預兆。正月半後，自編《四分律含註戒本講義》，準備在妙釋寺講律，此後便逐漸展開一連串的律學活動。

在這期間，弘一法師雖然也應所駐錫之寺主邀請，為淨土念佛學僧、信眾講開示，作專題式演講，但仍以弘揚南山律學為主，一邊不斷地進行律學演講，一邊致力於律學人才的培養，並完成不少的著作、鈔記、注疏。其律學著作較具代表者有：《四分律比丘戒相表記》、《南山律在家備覽要略》、《四分律含注戒本講義》、《隨機羯磨講義》、《戒本羯磨隨講別錄》、《南山道宣律

〔註155〕李叔同：〈余弘律之因緣〉，《中國人的禪修》，頁 207。林子青：《弘一大師新譜》。頁 280。

祖略譜》、《梵網經菩薩戒本淺釋》、《隨機羯磨疏跋》等等。

其中,《四分律比丘戒相表記》、《南山律在家備覽要略》被收於民國年間出版的《普慧大藏經》中。〔註156〕而當年學律弟子中,廣洽法師曾任新加坡龍山寺住持,瑞今法師曾任菲律賓大乘信願寺住持和世界佛教僧伽協會副會長。〔註157〕民國時期的律學,亦由於弘一法師不懈地學律、研律、弘律而取得莫大成就,對南山律的復興有著傑出的貢獻,佛門推尊為「重興南山律宗第十一代祖」。〔註158〕

二、寫經三階段

自從范古農勸書之後,弘一法師於民國九年庚申(1920)在玉泉寺學律的同時,亦勤於寫經。早在民國七年戊午(1918)剃度之翌日,夏丏尊走訪虎跑寺時,弘一為書《楞嚴經‧大勢至菩薩念佛圓通章》,勉勵好友念佛,願他年同生安養為法侶。雖然在俗時亦不乏寫經之經驗,但《念佛圓通章》是弘一出家後第一部寫經作品。九月,夏丏尊喪父,弘一在受具足戒後,以緣者所施之筆墨與紙,為書《地藏本願經》一節,以為迴向。民國八年己巳(1919)於虎跑寺結夏安居,夏丏尊來訪,弘一法師檢手書《楞嚴》數則貽之;這兩年的寫經皆是基於友誼而為之。

大抵弘一寫經出於四個目的,一、為佛法修學與弘傳;二、為回向亡者以資冥福,為己或為友人之先父、先母;三、因應請而作;四、為奉贈而寫。除此之外,亦有其他原因,但非常例。以下依年代作區隔,分三個階段,概述弘一法師之寫經歷程。

(一)寫經第一階段

第一階段,自民國七年戊午(1918)至民國十一年壬戌(1922),計五年。這期間出家前兩年為好友夏丏尊寫經外,亦在受具足戒後發心學戒,而從民國九年(1920)至十一年(1922),三年的時間專心於戒律的學習,以書大小乘戒經為主,又因學有部律,而旁及小乘經典、阿含部經典。以下大致分類整理如「表一」所示:

〔註156〕王建光:《中國律宗通史》,頁515。
〔註157〕林子青:《弘一大師新譜》,頁313。
〔註158〕妙蓮法師、弘一法師生西紀念會:〈弘一老法師訃告〉,轉引自秦啟明《弘一大師新傳》,頁2。

表一　弘一法師寫經第一階段

民國七年（1918）至十一年（1922），計五年。			
目　的	類　別	經　名	題跋紀要
為佛法修學與弘傳	小乘戒經	《根本說一切有部戒經》	庚申（1920）五月 辛酉（1921）四月
	小乘經	《佛說無常經》並撰長序	寄上海丁福保付印流通，庚申（1920）七月初二日。
	阿含經	《增壹阿含》、《別譯雜阿含》	庚申（1920）十二月 辛酉（1921）九、十二月
	其他部類	《佛說十二頭陀經》	辛酉（1921）三月
		《本事經》	庚申（1920）十二月 辛酉（1921）十二月
為回向亡者以資冥福	地藏法門	《地藏本願經》一節	為夏丏尊喪父，戊午（1918）九月。
		《讚禮地藏菩薩懺願儀》一卷	為亡母六十年冥誕，辛酉（1921）四月廿一日。
	小乘經	《佛說無常經》	為亡母五十九周誕辰，庚申（1920）四月廿一日。 為亡父卅七周諱日，辛酉（1921）八月初五。
	大乘戒經	《佛說梵網經・菩薩心地品菩薩戒》	為弘傘法師喪母，庚申（1920）七月。
	其他	《佛三身誦》、《佛一百八名讚》、《發廣大願頌》	為亡母六十年冥誕，辛酉（1921）四月廿一日。
為奉贈而寫	淨土法門	《楞嚴經大勢至菩薩念佛圓通章》與數則《楞嚴》經文	贈夏丏尊，戊午（1918）大勢至菩薩聖誕（七月十四日）。
	地藏法門	《金剛三昧經》一卷	付崔旻飛居士供養，庚申（1920）四月初八日。
	其他部類	《佛說戒香經》、《佛說五大施經》・《佛說木槵子經》	為穆藕初居士所書，辛酉（1921）二、三月。
其他	大乘戒經	《佛說大乘戒經》	為鬀染二年紀念，庚申（1920）七月十三日。
		《佛說略教誡經》	為亡父卅七周諱日，辛酉（1921）八月初五。

	地藏法門	《十善業道經》	為地藏菩薩聖誕，庚申（1920）七月廿九日。

資料來源：林子青《弘一大師新譜》、李璧苑〈弘一大師手書經文年表略記〉、《毫端舍利》，嚴崑晉製表2021年8月。

在這期間，因為寫經過多，民國九年庚申（1920）七月，印光法師致書誡之：

> 弘一大師鑒：昨接手書并新舊頌本，無訛，勿念。書中所說用心過度之境況，光早已料及於此，故有止寫一本之說。以汝太過細，每有不須認真，猶不肯不認真處，故致受傷也。觀汝色力，似宜息心專一念佛，其他教典與現時所傳布之書，一概勿看，免致分心，有損無益。應時之人，須知時事。爾我不能應事，且身居局外，固當置之不聞，一心念佛，以期自他同得實益，為惟一無二之章程也。〔註159〕

由於文獻資料之不足，弘一法師於何時認識印光法師，並開始有書信往來，已不可得知。但從這封信內容來看，兩人通信之前應已見過面，通信亦有一些時日。印光法師在信中對弘一法師書信所說的用心過度的情形，早已有所預料，因為弘一法師是個太過認真的人，小細節都不放過，以致於耗費心神過於一般人，加上本身身體氣血不足，故之前曾告誡弘一法師寫經只寫一本即可，但現在看來弘一法師並未照做故而受傷。今印光法師再次規勸，先息心專一念佛，教典、現時所傳布之書、當今時事，皆勿看不聞，免致分心，只一心念佛，以期自他同得實益。

不過，弘一法師似乎不為所動，寫經不止一本。是年（1920）與印光法師通信頗多，其原函雖不得見，但自印光法師之復書觀之，弘一法師此時欲刺血寫經，而印光法師則勸其先專志修念佛三昧，然後再事寫經：

> 座下勇猛精進，為人所難能。又欲刺血寫經，可謂重法輕身，必得大遂所願矣。雖然，光願座下先專志修念佛三昧，待其不得，然後行此法事。倘最初即行此行，或恐血虧身弱，難為進趨耳。……又寫經不同寫字屏，取其神趣，不必工整。若寫經，宜如進士寫策，一筆不容苟簡。其體必須依正式體。若座下書札體格，斷不可用。古今人多有以行草體寫經者，光絕不贊成。所以寬慧師發心在揚州寫《華嚴經》，已寫六十餘卷，其筆潦草，知好歹者，便不肯觀。光

〔註159〕印光法師致弘一法師書（五通）·一（一九二〇年七月廿六日），《弘一大師全集·八》，頁325。

極力呵斥，令其一筆一畫，必恭必敬。又令作訟過記以訟己過，告
試閱者。……方欲以此斷煩惑，了生死，度眾生，成佛道，豈可以
游戲為之乎？當今之世，談玄說妙者，不乏其人；若在此檢點，則
便寥寥矣。〔註160〕

印光法師不贊成弘一法師在此時刺血寫經，雖然這種重法輕身之苦行必能成
就欲遂之願，但印光法師認為先專志念佛三昧之後，如果無法成就再行此苦行
才是，而且未能一心念佛之前即刺血寫經，恐致血虧身弱，反而有礙修行。

印光法師在信中又進一步詳說刺血寫經之辦法與利弊，欲勸弘一法師打
消念頭，文字甚長，故不摘錄。同時，提示寫經與寫字屏之不同，寫經必須像
進士寫策，必須工整且一筆不苟，令其一筆一畫，必恭必敬，而像平日所用之
書札體，萬萬不可用於寫經。因為寫經的目的在於斷煩惑，了生死，度眾生，
成佛道，豈可以遊戲之心態為之！

印光法師對寫經之教誨，深深影響弘一法師之書藝書風，為日後形成弘一
體之重要契機。

弘一接受印光法師的教導，改正寫經書體，並寄給印光法師審閱，得到
法師的認可，又接受其規勸，不事刺血寫經而發願刻期掩關，誓證念佛三昧，
故有赴新城貝山掩關之行，並請印光法師作「最後訓言」。印光法師回函遜
謝，並叮嚀關中用功之道，切不可以妄躁心，先求感通，因格外企望，易致
魔事。當求一心，心果得一，自有不可思議之感通。至於得一心之法，即如
《楞嚴經‧大勢至念佛圓通章》所言：「都攝六根，淨念相繼，得三摩地，斯
為第一。」〔註161〕弘一法師由是更加敬重印光法師，多次致書，願廁列為弟
子。

（二）寫經第二階段

第二階段，自民國十二年癸亥（1923）起，直至民國二十一年壬申（1932），
這九年間不少擇自華嚴經品目與偈頌之作品出現，亦有其他大乘經典、淨土經
典。以下將這一時期之寫經，大致整理如「表二」所示：

〔註160〕印光法師致弘一法師書（五通）‧四（一九二〇年七月廿六日），《弘一大師全
　　　　集‧八》，頁326。全集所收錄印光法師回函，自第一通之後四通，自《印光
　　　　法師文鈔》轉載，然上下款年月俱被刪去，故全集中對此四通所編排順序並
　　　　非依照年月先後載錄，筆者依文意而次第引用。
〔註161〕印光法師致弘一法師書（五通）‧二（一九二〇年七月廿六日），《弘一大師全
　　　　集‧八》，頁325。

表二　弘一法師寫經第二階段

民國十二年（1923）至民國二十一年（1932），計九年。			
目　的	類　別	經　名	題跋紀要
為佛法修學與弘傳	大乘戒經	《佛說大乘戒經》	甲子（1924）夏
		手書《梵網經》成	甲子（1924）仲冬
		《華嚴經・十迴向品・初迴向章》	寄上海蔡丏因居士，囑其流通。丙寅（1926）九月。
		《華嚴經・財首頌讚》	庚午（1930）四月
		《華嚴集聯三百》	在滬付印，自為序，弟子劉質平加跋，名家經亨頤、馬一浮為之跋。辛未（1931）四月廿一日。
	其他部類	《佛說八種長養功德經》	甲子（1924）夏
		《佛說五大施經》	壬申（1932）二月
為亡者回向以資冥福	華嚴經	《普賢行願品・觀自在菩薩章》	為先慈歿廿六年，辛未（1931）二月初五。
		《華嚴經・十地品・離垢地》	為趙伯頎居士大母蘇氏回向，壬申（1932）五月。
	淨土法門	《佛說阿彌陀經》十六大幅	為先父百二十齡誕辰，壬申（1932）六月。
因應請而作	淨土法門	《阿彌陀經》	為杭州西泠印社，該社刻於石幢，以為紀念。癸亥（1923）六月。
為奉贈而寫	華嚴經	《華嚴經・淨行品・偈》	答謝上海黃涵之居士，甲子（1924）四月。
	大乘經	《佛說八大人覺經》	贈陳伯衡居士，甲子（1924）五月。
		《楞嚴經》	贈了識法師受持讀誦，壬申（1932）臘月卅日。
	地藏法門	《地藏經・見聞利益品》	贈日本竹內居士，歲次析木（丙寅，1926）
	華嚴經	《華嚴經・普賢行願品・偈》	贈劉質平，丙寅（1926）五月。

資料來源：林子青《弘一大師新譜》、李璧苑〈弘一大師手書經文年表略記〉、《毫端舍利》，嚴崑晉製表 2021 年 8 月。

　　這期間弘一法師致力於研習華嚴經，又得友人惠施清涼大師的《華嚴疏鈔》。民國十七年戊辰（1928）致書蔡丏因（名冠洛）論《往生論注》及《華

嚴疏鈔》。日後與蔡丏因共同研習，常有書信來往，達一百一十通之多，不乏對淨土經論與華嚴經論於學習上之精要見地。曾寫贈蔡冠洛「《華嚴經》禮誦日課」一幅，教他禮誦華嚴方法。又致書弘傘法師，論讀《華嚴》方法，謂《華嚴疏鈔》法法具足，如一部「佛學大辭典」，若能精研此書，於各宗奧義皆能通達。

九月居江灣豐子愷家，聞黃幼希居士校定《華嚴疏鈔》，致書讚歎，自謂亦久有此志，但衰老日甚，無能為力耳。在滬時曾與蔣維喬居士同聽應慈法師講《華嚴經》於清涼寺。

是冬，劉質平、夏丏尊、豐子愷諸友生，以是時政府有毀寺之議，乃醵資為弘一法師築常住之所於上虞白馬湖，顏曰：「晚晴山房」。之後又成立「晚晴護法會」，在經濟上支持弘一法師請經和研究的費用。〔註162〕

民國十八年己巳（1929）五十歲。四月，由蘇慧純居士陪同，自泉州經福州至溫州，道經福州，遊鼓山湧泉寺，於藏經樓發現清初道霈禪師所著《華嚴經疏論纂要》刻本，歎為近代所希見。因倡緣印布二十五部，並以十數部贈予扶桑諸古寺及佛教各大學。

九月二十日，為五十誕辰，在上虞白馬湖，小住晚晴山房。書唐李義山「天意憐幽草，人間愛晚晴」一聯，贈夏丏尊居士，自題：「己巳九月曇昉，時年五十。」。又書「具足大悲心」篆書五字，並自題記。此後常自號「晚晴老人」。同月廿三日，與紹興徐仲蓀、劉質平居士等至白馬湖放生，撰有〈白馬湖放生記〉。

民國十九年庚午（1930），六月，居晚晴山房，時劉質平重到晚晴山房，商權《清涼歌》，因集華嚴偈句書聯貽之。因致力於《華嚴》之研究，諷誦之餘，綴成《華嚴集聯三百》。

民國二十年辛未（1931）三月，為法界寺敬書晉譯《大方廣佛華嚴經》偈頌集句：世間淨眼品第一、盧舍那品第二，以為紀念。四月，又撰〈華嚴經讀誦研習入門次第〉，手書《華嚴集聯三百》，並自為序，由上海開明書店出版。

民國二十一年壬申（1932）五十三歲。二月，聞劉質平始學〈大悲咒〉、《心經》，即書《華嚴行願品偈句》一卷，以志隨喜。五月赴應永嘉，居城下寮結夏。應趙伯頎居士之請，為其大母蘇氏書《華嚴經·十地品·離垢地》，

〔註162〕林子青：〈李叔同（弘一大師）傳〉，《中國人的禪修》，頁381。

以為迴向。

（三）寫經第三階段

最後一個階段，從民國二十二年癸酉（1933）起，直至民國三十一年壬午（1942）圓寂止，計九年。多為應請與奉贈之作。至於此階段於佛法修學上，是以《藥師經》為主的藥師法門。

弘一法師研習《藥師經》從何時開始，無可得知，但據《年譜》所載，在民國二十七年戊寅（1938）條下所載：「雖在倉皇避難之間，仍不忘補錄他在數年前於泉州草庵所寫之《藥師經科文》。」弘一法師駐錫泉州草庵是在民國二十二年癸酉（1933）十一月十五日，應石獅草庵庵主之請，由傳貫法師陪同蒞庵過冬。因此，弘一法師研習藥師法門，最早可能從是年開始，其目的曾在寫致上海佛學書局中說道：

> 余自信佛以來，專宗彌陀淨土法門，但亦嘗講《藥師如來本願功德經》。講此經時，所最注意者三事：一、若犯戒者，聞藥師名已，還得清淨。二、若求生西方極樂世界而未定者，得聞藥師名號，臨命終時，有八大菩薩示其道路，即生極樂眾寶華中。三、現生種種厄難，悉得消除。故亦勸諸緇素，應誦《藥師功德經》，并執持藥師名號。〔註163〕

弘一法師認為，學藥師法門有幾點利益，一者，能令犯戒者，因聞藥師名而還得清淨；二者，能令未決定得生西方淨土者，因聞藥師名，有八大菩薩示路，決定得生極樂；三者，現生遭逢之厄難，悉得消除；故應誦《藥師功德經》並執持藥師名號。從這三點利益內容可以得知，弘一法師是將藥師法門視為求生淨土與戒律修持的輔助，亦可消除現世厄難，令人得以安穩修行。

筆者將這一階段寫經之作整理如「表三」所示：

表三　弘一法師寫經第三階段

民國二十二年（1933）至民國三十一年（1942），計九年。			
目　的	類　別	經　名	題跋紀要
為佛法修學與弘傳	藥師法門	《藥師經科文》	

〔註163〕致上海佛學書局（一九四○年舊七月，永春普濟寺），《弘一大師全集·八　書信卷雜著卷》，頁323。

為亡者回向以資冥福	藥師法門	《藥師經》	為侍者傳貫法師亡母，丙子（1936）五月。
	般若部	《金剛經》	為亡友金咨甫居士，歲次丙子（1936）三月廿一日敬書，四月初八日書訖。
		《金剛經》偈頌	為亡母謝世三十四周年，己卯（1939）二月五日。
		《心經》	為劉質平慈母謝世，歲次癸酉（1933）。
	其他部類	《佛說五大施經》	為士惟居士，歲在玄枵（丙子，1936）。
因應請而作	不詳	《戒經》	因廣洽法師割指瀝血請書，乙亥（1935）十一月。
	華嚴經	集書《華嚴》經句	因新加坡佛教居士林求書，歲次庚辰（1940）。
為奉贈而寫	華嚴經	《華嚴集聯》偈句	贈武昌僧懺上人，甲戌（1934）五月。
	陀羅尼	〈千手千眼無礙大悲心陀羅尼〉	奉李汝晉居士供養，乙亥（1935）二月。
	淨土法門	《佛說阿彌陀經》	呈奉日光巖常住，丙子（1936）五月。
		《佛說無量壽經》	贈南普陀寺主清智上人，丙子（1936）歲暮。
	般若部	《心經》	贈廈門名醫黃丙丁博士，歲在玄枵（丙子，1936）。
			奉伯麟居士供養，丁丑（1937）四月。
	華嚴經	《華嚴集聯》偈句	贈萬均（巨贊）法師，丁丑（1937）三月。
		《華嚴經·淨行品》一卷	奉贈夢參法師，丁丑（1937）九月中旬。
		集書《華嚴》長聯	贈了智法師，己卯（1939）仲春。
	藥師法門	《藥師經》	贈妙蓮法師供養，壬午（1942）八月廿八日下午。

資料來源：林子青《弘一大師新譜》、李璧苑〈弘一大師手書經文年表略記〉、《毫端舍利》，嚴崑晉製表 2021 年 8 月。

　　除了寫經，弘一法師常書佛號或警句與人結緣，又抄錄祖師大德嘉言、《格言聯璧》佳句自我策勵，日後輯成《寒笳集》、《晚晴集》與《格言別錄》。再加上前文所述，為研律、弘律所書寫的相關律學著作，弘一法師於書寫上

所投注之心力，實在不可思議。而且，尚有諸多弘律講演、培養律學人才等的律學活動，又有不少寺主請弘一法師為眾開示或作主題式演講；這種種的一切，若非深懷大悲心、大誓願，為佛法、為眾生，何以能如此勤奮不懈？

三、多次立遺囑，圓寂於泉州

弘一法師雖專志於研律、寫經又掩關念佛以求一心，於佛道修學不可謂之不勤，但其身體健康狀況向來不好，小病不斷，大病瀕死，而每逢染疾病重時，則立遺囑交代後事。

弘一法師初次立遺囑是在民國十一年壬戌（1922），四十三歲居於慶福寺時，當年一月依律須奉寺主為依止阿闍梨，而拜寂山和尚為依止師。初秋八月，溫州颱風過境，拔樹毀屋。翌日，弘一法師旋患痢疾，疑或不起，寂山和尚存問，弘一對曰：「小病從醫，大病從死。今是大病，從他死好。惟求師尊，俟吾臨終時，將房局鎖，請數師助念佛號，氣斷逾六時後，即以所臥被褥纏裹，送投江心，結水族緣。」〔註 164〕所幸不久後痊癒。

再立遺囑是在民國二十年辛未（1931）五十二歲時，是年春，在溫州患瘧甚劇，熱如火焚，虔誦《行願品偈讚》，遂覺清涼。不過，疾病纏綿，尚未復元。二月，居上虞法界寺，於佛前發專學南山律誓願。三月，為法界寺書《華嚴集聯》，以為紀念。四月，立「遺囑」一紙於法界寺：「弘一謝世後，凡寄存法界寺之佛典及像，皆贈予徐安夫居士；其餘之物皆交法界寺庫房。辛未四月弘一書。」〔註 165〕

民國二十一年壬申（1932）八月至上虞法界寺，患傷寒病頗重，幸獲舊存之藥，臥床一週，斷食一日即早痊。期間曾致書夏丏尊乞至法界寺與住持預商後事。民國二十四年乙亥（1935）五十六歲，十一月間應承天寺傳戒法會禮請，於戒期中講〈律學要略〉三天，十一月二十日，應請往惠安科峯寺講演，並為十人證受皈依。至十二月初三日始回泉州，旋即臥病草庵。病中書「遺囑」一紙付侍者傳貫，囑命終八小時後，以夾被裹身送往樓後之山凹中三日，以待虎食，若無則就地焚化；此即三立遺囑。〔註 166〕

民國三十年辛巳（1941），六十二歲，四月自靈應寺重過水雲洞，手書古

〔註 164〕因弘：〈恩師弘一音公駐錫永嘉行略〉，《弘一大師新譜》頁 198。
〔註 165〕林子青：《弘一大師新譜》，頁 283。
〔註 166〕傳貫：《隨侍音公日記》，《弘一大師新譜》，頁 349～350。

德偈句贈陳海量。旋移居晉江檀林鄉福林寺閉關，為學者講《律鈔宗要》，並編《隨講別錄》及《晚晴集》。又於福林寺念佛期講〈略述印光大師之盛德〉。初冬，賦〈紅菊花偈〉示傳貫侍者。時同住福林寺之青年比丘愴痕（妙齋）患病，弘一法師親為看護，並勸其專心念佛。又為起名「律華」，並加解釋，可知其思想之所寄託。又作〈遺書〉一通，囑彼慎重保存，待其圓寂後方可啟視。在〈遺書〉中弘一法師言及自己與律華多生有緣，故能長久同住，彼此均獲利益。又擔心律華年齡太幼，若非親近老誠有德之善知識，恐致退惰，而殷勤勸其日後與妙蓮法師同住，能以承侍之心，奉之如師，雖受惡辣之鉗錘，亦應如飲甘露。可見弘一法師諄諄訓誨青年後學之苦心。〔註167〕

民國三十一年壬午（1942）六十三歲。舊曆六月，福州羅鏗端、陳士牧居士倡議修建怡山長慶寺（即西禪寺）放生池，以修建事迹見寄，弘一法師為之潤色并手書刊石，是為最後之遺作。八月廿三日，漸示微疾，為轉道、轉逢二老書大柱聯後，猶力疾為晉江中學學生寫中堂百餘幅，下午即云身體發熱。廿四日食量遂減。廿五日復為學生寫字。廿六日食量減去四分之三，又照常寫字。廿七日整日斷食，只飲開水，醫藥悉被拒絕。廿八日下午，自寫遺囑於信封上。廿九日囑臨終助念等事。三十日整天不開口，獨自默念佛號。九月初一日上午，為黃福海居士寫紀念冊二本；下午書「悲欣交集」四字與侍者妙蓮，是為最後絕筆。初二日命蓮師寫迴向偈。初三日因蓮師再請喫藥，示不如念佛利益，及乘願再來度生等囑。初四日（陽曆十月十三日）因王拯邦力懇，吃藥及進牛乳，說十誦戒文等。是晚七時四十五分，呼吸少，八時正，吉祥西逝，圓寂於泉州不二祠溫陵養老院晚晴室。〔註168〕

弘一法師遺囑有三紙，二紙交付妙蓮法師，一囑臨終一切事務，皆由妙蓮負責，二囑臨終助念及焚化等作法；另一紙遺囑給溫陵養老院，囑其應優遇老人，並提具體意見。同時，臨終前預寫〈遺書〉附錄「遺偈」二首，分別致信其故友夏丏尊（圖24）及弟子劉質平告別。又致菲律賓性願法師遺囑，因當時戰爭中，托人代達，為人所遺。其另一致性老遺囑，則在戰後始見。〔註169〕

〔註167〕弘一法師致律華法師〈遺書〉，《弘一大師新譜》，頁437。
〔註168〕葉青眼：《千江印月集》，《弘一大師永懷錄》，頁285～290。
〔註169〕林子青：《弘一大師新譜》，頁461～462。

圖 24　弘一法師圓寂前預先寫好給夏丏尊的遺囑

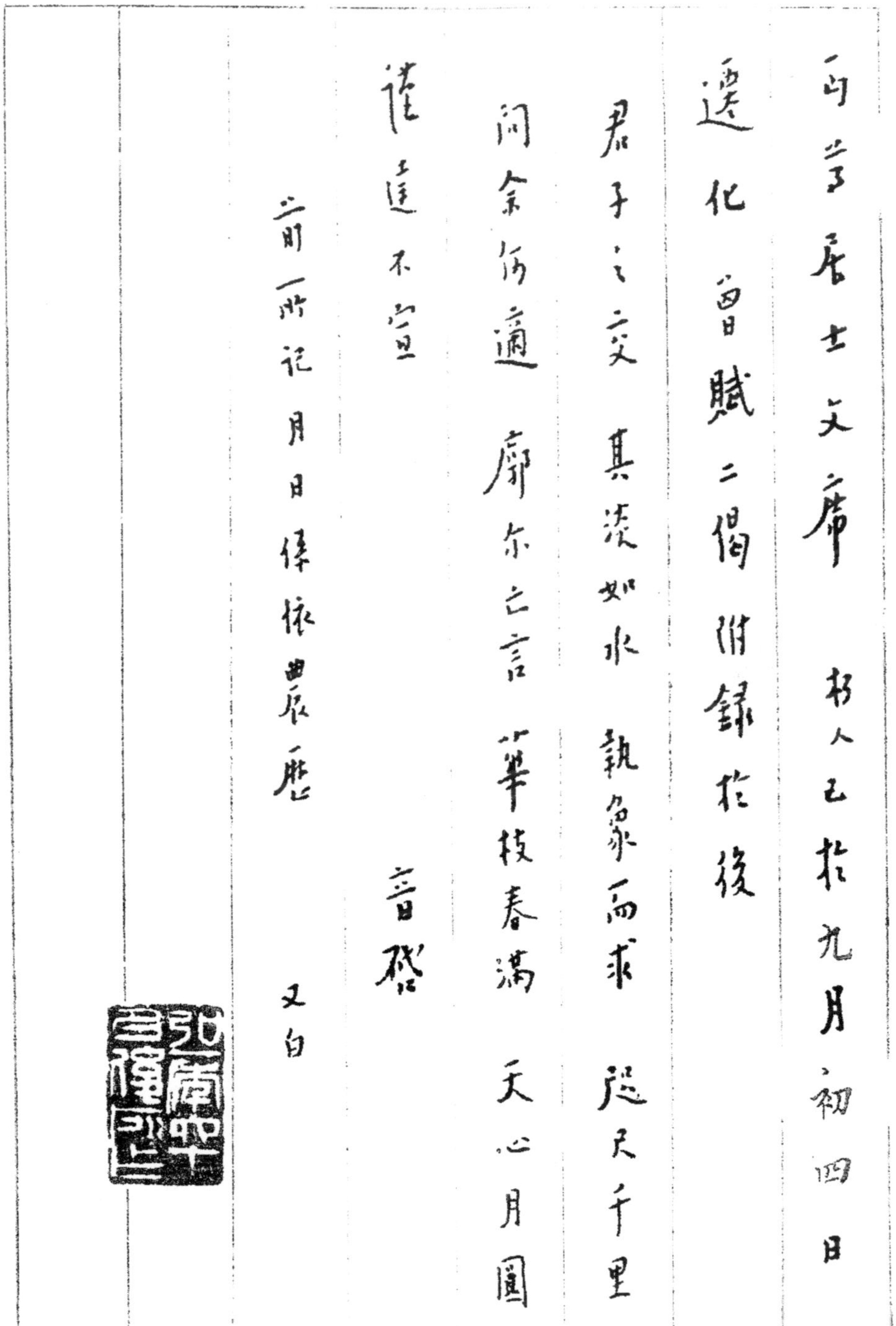

丏尊居士文席　拜人乙於九月初四日

遷化曾賦二偈附錄於後

君子之交　其淡如水　執象而求　咫尺千里

問余何適　廓尔忘言　華枝春滿　天心月圓

謹達不宣

音啟　又白

二月一所記月日係依舊曆歷

出處：《弘一大師書信手稿選集》

第三章　弘一法師的人格

　　弘一法師的人格一章大抵以三小節論述，先述其人格發展，次舉具體事蹟條列其人格修養，最後在前人研究基礎下，補充其人格特質。今分述如下：

第一節　人格發展

　　這一小節以第二章弘一法師的生平為依據而有所補充，概述李叔同人格形成與發展之心理歷程，今分述如下：

一、傳統儒家文化人格之形成

　　李叔同童年以至青年時代，大約是從五歲至十八歲這期間，所學習、接受者，主要是儒學，其次是佛教，來自於幾個面向的形塑與影響：

　　一是，儒佛兼修的父親筱樓公。筱樓公飲食起居，悉以《論語・鄉黨》為則，不少違。晚年樂善好施，設立義塾，創設「備濟社」，施捨衣食，救濟貧苦，是典型的儒家弟子。李叔同五歲時，筱樓公患病不起，囑託家人延請高僧為作佛事，當時叔同見僧之舉動，皆可愛敬，以後即屢偕其姪輩效「燄口」施食之戲，對佛教儀軌並不排斥。此外，筱樓公因精於陽明之學，旁及禪宗，因信佛緣故，家中設有佛堂，當時郭氏夫人和已居孀寡處的文錦妻，常於佛堂誦經念佛，李叔同常從旁聽，會背誦大悲咒、往生咒等。

　　二是，母親與兄長的教導。在生活規範上，母親與兄長效法筱樓公以《論語・鄉黨》為則要求，並教導李叔同要懂得惜福。在童蒙教育方面，兄長文熙教以讀習性之書和聖賢之作等以儒家思想為主的民間生活倫理之書，〔註1〕文

〔註1〕李長莉：《晚清上海社會的變遷——生活與倫理的近代化》，頁10～12：「所謂

錦妻又教導叔同學記袁了凡功過格,由此可見李家對道德規範之重視。十歲開始,循一般讀書入仕的路子,接受正式教育,直至十七歲師從趙元禮學習詩詞文章、從唐靜岩學金石書畫,大抵傳統儒學教育的各種課程已系統地完成。

三是,傳統書院教育重視人格教育。李叔同十六歲考入天津的輔仁書院,據黃漫遠、劉丙元的研究指出,中國傳統書院是儒家文化的重要象徵和傳播載體,是一個具有藏書、教學、祭祀、學術研院等多種功能的文化機構。書院重視生徒的人格教育,對讀書其間的生徒們的理想人格的塑造,以不言之教與濡化之教,培育生徒之道德品質和意志品質,並藉由文化氛圍與制定學規,規範生徒的言談舉止,以將中國古代理想人格之典範言行,於日常生活中實踐。〔註2〕李叔同曾親手抄錄山西渾縣恒麓書院教諭(思齊)對諸生的〈臨別贈言〉,內容以「立品」為首,「善書」為末,是孔子文藝觀「志於道,據於德,依於仁,游於藝」〔註3〕之落實,李叔同奉為圭臬,以此作為立身、處世、學習之準則。

從上述三個面向可以了解,李叔同十八歲以前所接觸的李家教養與傳統書院人格教育,皆是以傳統儒家文化為主,李叔同傳統儒家文化人格由是形成,而且詩詞歌賦、金石書畫乃至八股文,亦是儒家文化結構中的內容,此一時期李叔同已具備紮實之根基。此外,從筱樓公是進士出身,李家亦循一般讀書入仕的路子教養李叔同,可說是儒家「學以致仕」〔註4〕的具體作為,而李叔同亦懷抱著光大門楣之心熱衷於科舉仕進,亦是儒家文化性格〔註5〕之表現。

『民間生活倫理』,就是存在於民眾實際生活中,人們主要根據生存方式和實際需要,由生活實際經驗中得來並實際應用於生活的倫理。這些民間倫理觀念,主要存在於諸如民間流傳的諺語、傳說、家訓、童蒙讀物、戲曲鼓詞、民間信仰,以及民間文人的一些切近生活的異端言論等民間文化形式之中,是以「義利兼顧」為價值核心,以身家生存為本的道德立身、理欲調和、治生養親、安份守己、安命樂生等行為規範。……是在實際生活中行之有效,因而被人們所普遍認同而自覺接受的。……與來自上方的教化倫理的理想要求相互對應,構成了比較協調的社會倫理體系,共同維繫著社會秩序的穩定。」

〔註2〕黃漫遠、劉丙元:〈中國傳統書院人格教育的歷史意蘊與德育價值〉,《當代教育科學》2017年第7期,2017年7月,頁16~22。

〔註3〕〔宋〕朱熹著:《四書章句集注》,頁126。

〔註4〕《四書章句集注》,頁266。

〔註5〕所謂「文化性格」,曹布拉定義為:「主要是指人在特定的文化環境的浸潤、薰陶、影響、實踐中逐漸形成的文化心理特徵的綜合。」見曹布拉:〈論李叔同的文化性格〉,《杭州師範學院學報(社會科學版)》,2004年第1期,2004年,頁76~80。

二、逐步確立以美育淑世之思想取向

　　青年時代的李叔同正值中日甲午戰敗，中國面臨瓜分危機，救亡圖存之愛國運動應運而起。先有孫中山於檀香山建立興中會，高呼革命；繼有康有為在北京聯合考生要求光緒改革，倡導變法，從而展開戊戌維新運動。面對兩種截然不同的救亡圖存之主張與勢力，李叔同選擇的是變法維新這一方，擁護君主立憲進行改革，不同於革命黨人之力求推翻滿清。這一方面固然是傳統儒家「忠君愛國」思想的表現，另一方面應是受到嚴修（1860～1929）的影響。

　　據金梅的考證，李叔同之父筱樓公與嚴修之父仁波公，在清同治間已開始交往友善，李、嚴兩家係世交。但李叔同比嚴修晚生二十年，二人並非同代人。光緒二十年甲午（1894），時任貴州學政的嚴修，面對中國甲午戰敗，被迫簽訂《馬關條約》的喪權辱國的嚴重局勢，深切感受到變革科舉制度造就經世致用之才的迫切性。光緒二十三年丁酉（1897）八月，嚴修提出了在中國近代教育史上影響巨大的「請開經濟特科」的主張，並在十月間上奏朝廷，意在科舉之外，打開一條選拔具有西學知識和實際才能者的道路。但遭遇守舊派頑固地反對。光緒二十四年戊戌（1898），嚴修以有事請假為名回故里。返津之後，以家宅為基地，開始新式教育的實驗，開辦嚴氏家塾，為天津民辦新式學堂之最初形式。又兩次赴日本考察，擴大辦學範圍，經過二十多年之努力，終於在天津建成一個包括大學、中學、女學、小學在內的學校體系，其對教育事業的貢獻，在同一時期的教育家中，除蔡元培之外，非嚴修莫屬。〔註6〕

　　嚴修在天津對新式教育之推行，應當給予李叔同一定程度的示範與影響。自十六歲考入輔仁書院起，李叔同對新學的態度，不同於一般儒生固守經史子集、詩詞書畫等傳統學問，反倒是請人教授算學、英文，主動接受域外傳入的文化思想，又關心積弱不振的國事，贊同變法維新，並自刻「南海康君是吾師」以明志，皆可讓人看見李叔同具有一種開放的思維、求新的心態，成為中國古老封建社會中的新型知識份子。

　　二十二歲，李叔同考入南洋公學特設班，從蔡元培先生受業，此時的蔡元培尚未擔任中華民國教育部長，也沒有從宏觀理論上建構其教育理論，但其教育思想已初步形成，並推行於當時的教育活動中，如光緒二十八年壬寅（1902）十月，與蔣觀雲等創辦愛國女學校，暑假遊歷日本，返國後兼任愛

〔註6〕金梅：〈著名教育家嚴修的關愛〉，《李叔同影事》，頁28～33。

國女學校長，是年秋冬間，教育家鍾觀光創組中國教育會，先生被推為會長等等。從蔡元培自民國六年丁巳（1917）擔任北京校長起，為推動全國創辦藝術專科學校而四處演講，宣傳美育思想，其教育思想更為系統和全面，並始終把美育和藝術教育實踐聯繫在一起，認為美育的目的在於「陶養感情」，而必須通過音樂、文學等藝術途徑達到「陶養感情」之目的。〔註7〕

李叔同在南洋公學從蔡師學習，在教育思想方面應當受其薰陶，再加上康有為、梁啟超的維新思想、嚴修創辦新式教育，從而逐步確立以美育淑世之教育愛國的思想取向。從他日後的學習與實踐上，皆可驗證此一時期思想取向之建立。

三、以美育淑世理念之落實

自科舉應考屢試不中，又遭逢南洋公學退學風波，值此國是日非之際，報國無門，李叔同有一度是寄情聲色，排遣心中憂憤，猶如古代士大夫不得志時，或像陶淵明歸隱田園，或像李白藉酒消愁，或像蘇東坡以佛老消解等等，在古代這種抱持儒家淑世理想卻懷才不遇、鬱鬱不得志的文人士大夫可謂是比比皆是，李叔同亦陷入此般境遇。

只是，過不了多久，李叔同又振作起來，在他的身上可以看見儒家不屈不撓、自強不息的文化性格，積極進取的人生態度。不久，加入滬學會，撰《文野婚姻新戲冊》，宣揚婚姻自由，發出「誓度眾生成佛果，為現歌臺說法身」的心願，將儒家淑世情懷與佛教大乘菩薩誓度眾生的悲願作一結合；編《國學唱歌集》，以音樂形式來弘揚國粹；創作〈祖國歌〉以激發民眾的愛國心；母親辭世，辦文明喪禮，對舊式喪儀進行革新；用種種實際的行動響應維新運動，亦是以美育淑世的具體作為。

「父母在，不遠遊」，〔註8〕李叔同遵守儒家的教誨，母親辭世後才留學日本，學習西方美術、音樂、戲劇。創辦《音小雜誌》，引進西方藝術；演出《茶花女》，開時代風氣之先。歸國後，先後於天津、上海、杭州任教，期間擔任報社編輯、創辦《文美雜誌》。執教期間明代大儒劉宗周的《人譜》一書常置案右，並題「身體力行」四字自我勉勵。教育學生首重道德，對一些有藝

〔註7〕孫常煒：《蔡元培先生的生平及其教育思想・第七章美感教育》（臺北：臺灣商務印書館，1986年），頁35～39。

〔註8〕《論語・里仁第四》：「子曰：『父母在，不遠遊；遊必有方。』」《四書章句集注》，頁98。

術才華的學生，常以《人譜》中「士先器識而後文藝」之語期勉。〔註9〕在藝術教育上，引進西洋的藝術理念教書育人，為藝術界培育出不少優秀人才。

　　儘管李叔同的藝術教學是超前而能引領時代潮流，但他在學生的印象中，仍是一個傳統文人的形象，「穿一身布衣；灰色雲章布袍子，黑布馬褂，然而因他是美術家，衣服的形式很稱身，色彩很調和，所以雖然是布衣草裳，還是風度翩翩」，〔註10〕猶如曹布拉先生所說：

>　　李叔同的靈魂深處凝聚著以儒家思想為核心的傳統內涵，即使他曾
>　　負笈東瀛，經受過歐風美雨的衝擊，並將西方的文藝思想與文藝技
>　　法用之於個人的藝術與教育實踐，但是這一切並沒有改變其儒學知
>　　識份子的本來面目，儒學的價值觀與人生觀是李叔同生命中具有恒
>　　定不變意味的「常數」。〔註11〕

相對於胡適（1891～1962）、陳獨秀（1879～1942）等人在新文化運動中所興起的反對舊傳統、抨擊孔子學說、主張倫理革命，〔註12〕李叔同始終堅守傳統儒家文化，仍是講究修身立德，親仁愛眾，自覺地以儒家的道德規範律己育人，致使日後曾親近過他的友生們，仍深深懷念其愛人修己的儒家文化人格形象，其影響力弘大而深遠。

四、以儒家入世精神做出家事業

　　李叔同歸國後之藝事活動可謂是達到最高峰，是其一生最絢爛輝煌之時，孟子所謂「達則兼善天下」，〔註13〕正是時也。然卻無預警地出家當了和尚，讓但凡知曉李叔同者深為不解。李叔同出家之心理，至今成謎。

　　筆者不妨揣測，就當時之時局而言，如前所述，新文化運動所興起之風潮，讓堅守傳統儒家文化的李叔同顯得格格不入，對於國事他該如何作為？現在所作為又是否有濟於事？而辛亥革命成功並未帶來天下太平，反倒是軍

〔註9〕豐子愷：〈先器識而後文藝——李叔同先生的文藝觀〉，《豐子愷文集・文學卷二》第六冊（杭州：浙江文藝，1990～1992年），頁533～536。

〔註10〕豐子愷：〈李叔同先生的愛國精神〉，《豐子愷文集・文學卷二》第六冊，頁537～540。

〔註11〕曹布拉：〈論李叔同的文化性格〉，《杭州師範學院學報（社會科學版）》，2004年第1期，2004年1月，頁77。

〔註12〕李雲漢：《中國近代史》，頁225～228。

〔註13〕《孟子・盡心上》：「窮則獨善其身，達則兼善天下。」《四書章句集注》，頁492。

閹割劇，政局更加動亂，李家一夕破產，讓他繼母親、大姊辭世之後，再一次嚐到人世無常之滋味。

而李叔同對於光陰流逝、人生易老這件事較常人敏感，又自己健康狀況向來不佳，生死問題似乎帶給他逼迫感，故有斷食試驗，期間雖仍信奉天理教，但也閱讀佛典。斷食結束後，短暫地當了「欣欣道人」，之後請了許多佛經，開始研究佛法，又供起佛像，天天燒香。這期間宋明理學書仍看，道家書已疏遠，似有導儒歸佛之意向，但仍徘徊，未有決定。

在李叔同向馬一浮這位精通儒佛的理學大師請教的過程中，應當釐清不少的問題，也為出家作好心理準備，此時的李叔同已經開始念經茹素，以居士身份在虎跑寺修行，但對出家之期未有決定，他肯定有著許多的罣礙才是。在夏丏尊「索性做了和尚，倒不爽快！」的助緣下，李叔同承擔起這句話的重量，披剃出家。或許沒有夏丏尊的氣話，依李叔同謹慎的個性，是否出家還是一個未知數。

誠如李向平所言：「按照中國人的常情，昔日落髮為僧者，或以情場失意、或以宦海沉淪、或以經濟破產、或以十惡不赦、或以緝捕追蹤、或以憤世嫉俗……等等因素，不得不削髮入山，作為一了百了的手段。」〔註14〕李叔同無有上述之理由，卻在人生藝事最高峰，以浙江一師教員、文化性格是道地的儒家文士身份出家為僧，由儒入佛之舉甚為突兀，確實令人無法理解。

不過在梳理這些外在的因素與李叔同斷食後的學佛之行為後，夏丏尊的一句話只是讓李叔同之出家提前，即使沒有夏丏尊的那句話，最終李叔同可能還是會選擇出家為僧。

筆者揣測，李叔同或許相信佛門中有方法解決生死的問題，這一直帶給他憂愁悲傷與逼迫感，因此，李叔同的出家是真為生死，而佛法正能給予他明確的做法。

面對生死問題，李叔同選擇的是淨土法門，日後拜印光法師為師得到不少指點，又研讀《華嚴》、《普賢行願品》等相關淨土經典，了解理論與方法，多次掩關念佛、寫經偈、發誓願，期能早日往生淨土，迴向娑婆度眾生，這是李叔同為「了生死」的精勤修持與悲願。

至於李叔同除了淨土法門外，又選擇佛門中最難修持的律宗，不單純只是

〔註14〕 李向平：《救世與救心——中國近代佛教復興與思潮研究》（上海：上海人民出版社，1993 年），頁 238。

因為馬一浮在他受戒期間贈與兩部律學著作，在披閱之際慨嘆出家人不守戒律而作出的選擇。李叔同在俗時已是一個對儒家的道德規範躬身力行之人，從小學記袁了凡功過格，讀民間生活倫理之書，特別喜愛《格言聯璧》，直至晚年不輟，還輯錄箇中佳句成《格言別錄》；十六歲讀輔仁書院時，手抄〈臨別贈言〉奉為圭臬，留日歸國任職杭師時，以《人譜》克己改過、漸除習氣；這些都說明李叔同對於道德修養特別用心。在俗時力行於儒家式修養，出家後會踏上苦修戒律的道路，實在是非常順理成章之事。

之後在淨土法門、在律宗戒律的修學行持上，可以看見李叔同在俗時儒家式的積極進取，出家後則是一味地勇猛精進，兩者之精神，一脈相承。而且在七七事變時，日軍隨時可能攻陷青島，時在青島講律的弘一法師，不南下避禍，為護佛門肯捨身命，手書「殉教」橫幅以明志；駐錫廈門時，將自己居室命名為「殉教室」；駐錫泉州時，書「念佛不忘救國，救國必須念佛」橫幅以自警醒，又多次書寫此橫幅分贈各方友朋；〔註15〕諸如此類愛國護教行為，都教人看見弘一法師為大義能犧牲、為國能捐驅之浩然正氣，實是儒家風範，也改變不少人素來厭棄佛教的態度，如他的學生曹聚仁說道：「我是素來討厭所謂『出家人』的，而一切厭世的態度，也不敢苟同。但對於弘一法師，仍是『高山仰止』、『吾無間然』。」〔註16〕他的好友夏丏尊也因此「已不敢再毀謗佛法，……近幾年以來，我因他的督勵，也常親近佛典，略識因緣之不可思議，知道像他那樣的人，是於過去無量劫種了善根的。」〔註17〕又如朱光潛先生所言：「弘一法師雖是看破紅塵，卻絕對不是悲觀厭世。……他正是以出世精神做入世事業的。」〔註18〕

筆者認同李叔同出家不是消極厭世，反倒是雄壯而積極。至於以「出家精神做入世事業」的說法，筆者倒是認為，弘一法師是以儒家的入世精神做出家事業，無論是弘揚律學、持戒念佛、慈愛護生、護法殉教等等，都能看見儒家仁人愛物、捨生取義之精神、積極進取之態度，是一位由儒入佛之最佳示範者。

〔註15〕林子青：《弘一大師新譜》，頁 369～372、429～430。

〔註16〕曹聚仁：〈記弘一大師〉《弘一大師永懷錄》，頁 264。

〔註17〕夏丏尊：〈弘一法師之出家〉，《弘一大師永懷錄》，頁 192。

〔註18〕朱光潛：〈以出世的精神，做入世的事業——紀念弘一法師〉，《中國人的禪修·序三》，頁 8～9。

第二節　人格修養

　　所謂人格修養，是意識地，以某種思想轉化、提昇一個人的生命，使抽象的思想，形成具體的人格。〔註19〕弘一法師之人格基礎是儒家文化人格，從他的一生經歷與諸多詩詞之作，可看見儒家那種憂國憂民、不屈不撓、積極進取的人格修養。出家後，對佛法的修學行持，表現出來的是勇猛精進的態度，慈愛護生的悲心與為教能殉生的大義。其諸多事蹟，表現在待人處世和藝術教育、生活教育上，而為世人感懷追思，並形諸於紀念性文章、回憶錄、學術研究等等。2020 年 10 月，財團法人佛陀教育基金會，為弘揚弘一法師的道德人格，將凡是有關弘一法師之生平事蹟、追思懷想、傳記文章、學術研究等等，摘錄主要片段，分門別類收錄，出版《弘公道風》做為結緣品分贈，意欲藉此書之流佈，影響更多人學佛。本小節亦以書信稿、《永懷錄》為主，雖不能如《弘公道風》般各方各面地提到，但仍期望藉由這幾則事蹟，以彰顯弘一法師之道德人格。

一、愛人以德

　　李叔同自小在儒家文化的教育環境中成長，使他追求高尚品德、注重人格修養，對其藝術教育理念之形成奠定堅實之基礎。在其十九歲入天津縣學應考之課卷文章〈乾始能以美利利天下論〉中，已有「器識為先，文藝為後」之觀念，〔註20〕此乃中唐裴行儉（619～682）所提出：「士之致遠，先器識，而後文藝」之見，《舊唐書・文苑上・王勃傳》和《新唐書・裴行儉傳》均有記載，〔註21〕後成為嘉言，為明劉宗周《人譜》所收錄。

　　「器」字之解釋很多，在此處解釋為一個人的度量、胸懷；「識」指見識、膽識；如此，「器識」則解釋為一個人的度量與見識，即個人修養。「文藝」就字面上之解釋即指文學與藝術。〔註22〕因此，「先器識而後文藝」可

〔註19〕徐復觀：〈儒道兩家思想在文學中的人格修養問題〉，《海外學人》第 103 期，1981 年 2 月，頁 2～10。

〔註20〕林子青：《弘一大師新譜》，頁 32～33。

〔註21〕許嘉璐主編、黃永年分史主編：《二十四史全譯・舊唐書（全六冊）》（上海：上海漢語大詞典出版社，2004 年）第六冊「文苑（上）・王勃」，頁 4303～4304；《二十四史全譯・新唐書（全八冊）》第五冊「列傳第三十三　裴行儉」，頁 2739～2742。

〔註22〕羅竹風主編：《漢語大詞典・第三卷》（上海：漢語大詞典出版社，1989 年），頁 521～525。

解釋為一個人要有足夠的度量與見識，才能創造出具有藝術價值之作品。日後，「先器識而後文藝」成為李叔同始終主張之教育理念，並言傳身教於其藝術教學中。

據豐子愷在〈先器識而後文藝──李叔同先生的文藝觀〉一文中所說，任教於浙江一師的李先生，在杭州師範宿舍的案頭，常常放著一冊《人譜》，並在封面上親手寫著「身體力行」四個字，每個字旁又加上一個紅圈，以此警惕自己。李叔同曾對豐子愷和幾位同學解釋「先器識而後文藝」的意思，並認為「一個文藝家倘沒有『器識』，無論技術何等精通熟練，亦不足道」。〔註23〕由此可見，一個文藝家沒有高尚的品德、偉大的人格，即使技術熟練精通也不足以為道。

由於李叔同非常注重教育者自身之人格修養，在教學中，從自身做起，對待學生著重在人格感化，表現在生活教育上。豐子愷在〈李叔同先生的教育精神〉中說道，這位老師「對學生態度常是和藹可親，從來不罵人。學生犯了過失，他當時不說，過後特地叫這學生到房間裏，和顏悅色，低聲下氣的開導他，態度的謙虛與鄭重，使學生非感動不可。記得有一個最頑皮的同學說：『我情願被夏木瓜（夏丏尊）罵一頓，李先生的開導真是吃不消，我真想哭出來。』」〔註24〕另外，又在〈為青年說弘一法師〉一文中，舉了幾件具體事例，讓人見識到李叔同這位老師的教育方式：

> 有一個人上音樂課時不唱歌而看別的書，有一個人上音樂時吐痰在地板上，以為李先生不看見的，其實他都知道。但他不立刻責備，等到下課後，他用很輕而嚴肅的聲音鄭重地說：「某某等一等出去。」於是這位某某同學只得站著。等到別的同學都出去了，他又用輕而嚴肅的聲音向這某某同學和氣地說：「下次上課時不要看別的書。」或者「下次痰不要吐在地板上。」說過之後他微微一鞠躬，表示「你出去罷。」出來的人大都臉上發紅。又有一次下音樂課，最後出去的人無心把門一拉，碰得太重，發出很大的聲音。他走了數十步之後，李先生走出門來，滿面和氣地叫他轉來。等他到了，李先生又叫他進教室來。進了教室，李先生用很輕而嚴肅的聲音向

〔註23〕豐子愷：〈先器識而後文藝──李叔同先生的文藝觀〉，《豐子愷文集‧文學卷二》第六冊，頁535。
〔註24〕豐子愷：〈李叔同先生的教育精神〉，《豐子愷文集‧文學卷二》第六冊，頁542。

他和氣地說：「下次走出教室，輕輕地關門。」就對他一鞠躬，送他出門，自己輕輕地把門關了。

　　最不易忘卻的，是有一次上彈琴課的時候。……有一個同學放一個屁，沒有聲音，卻是很臭。鋼琴及李先生十數同學全都沉浸在亞莫尼亞氣體中。同學大都掩鼻或發出討厭的聲音。李先生眉頭一皺，管自彈琴（我想他一定屏息著）。彈到後來，亞莫尼亞氣散光了，他的眉頭方才舒展。教完以後，下課鈴響了。李先生立起來一鞠躬，表示散課。散課以後，同學還未出門，李先生又鄭重地宣告：「大家等一等去，還有一句話。」大家又肅立了。李先生又用很輕而嚴肅的聲音和氣地說：「以後放屁，到門外去，不要放在室內。」接著又一鞠躬，表示叫我們出去。同學都忍笑不住，未出門時先吱吱格格地響。一出門來，大家快跑，跑到遠處去大笑一頓。〔註25〕

李叔同的四次鞠躬，前三次都是學生犯錯：上課看別的書、吐痰在地上、大力關門（無心之過）；一般來說，老師批評、訓話，稍微嚴厲一點也無妨，然後學生要向老師鞠躬道歉才是。但是，李叔同不但沒有批評半句，反而輕聲細語般地叮囑，還要向學生鞠躬。

　　一位在文學、音樂、繪畫、戲劇等眾多領域成就斐然，久負盛名的老師，居然向犯錯的學生鞠躬，不僅是一般人難以做到或根本不屑這麼做，但李叔同卻始終堅持這樣，就算是學生上課放屁的意外，也是認認真真地做到了。那讓他鞠躬的學生，恐怕這一生再也不會犯同樣的錯，而沒犯錯的學生，也因此目睹老師恭敬待人、尊重有禮之舉，無論在學問上、人品上，一生都會以老師為榜樣，這是李叔同人格的感化力量。因此，在李叔同言傳身教之薰陶下，培養出吳夢非、豐子愷、劉質平、潘天壽等眾多傑出之藝術人才，而其教育理念也在這些學生中得到傳承與發揚。〔註26〕

　　在這些學生當中，李叔同與劉質平情同父子，感情深厚，在劉質平求學期間產生困惑與經濟困難時，李叔同曾給予資助與開導。

　　劉質平（1894～1978），原名劉毅，字季武，浙江黃岩人。現代著名音樂教育家。七歲時喪父，自幼喜好音樂，母親含辛茹苦供他上學，民國元年壬

〔註25〕豐子愷：〈為青年說弘一法師〉，《豐子愷文集·文學卷二》第六冊，頁144～145。

〔註26〕董姣姣：〈論李叔同「先器識而後文藝」的藝術教育思想〉，《美與時代（中），Beauty & Times》，2018年07期，2018年7月，頁85～86。

子（1912）秋考入浙江兩級師範學堂，時李叔同應聘到校任音樂、圖畫主任
教師，兼教普通師範班的音樂、圖畫課。民國五年丙辰（1916），劉質平畢業，
為圖深造，東渡日本。次年，考入東京音樂學校，專修音樂理論與鋼琴，並在
課餘研究藝術教育。

　　這期間，劉質平在學習、思想、生活等方面曾不斷陷入困境，有時難以
自拔。李叔同則頻頻通過書信及經濟上的資助，予以及時的開導和無私的幫
助，使劉質平得以度過難關。在劉質平珍藏弘一法師寄給他的一百一十通書
信中，有九通是其留日期間李師寄自浙江杭州，從中可見一位師長對待學生
學習、思想、為人處世、衛生健康直至學習費用等方面之關切和熱誠期盼。
〔註27〕在此例舉二通以見李叔同對劉質平之人格教育。

　　民國五年丙辰（1916）初秋，劉質平被東京音樂學校選取，經過一段學習
之後，可能對中國留學生在日本的學習表現有所不滿，致函李師談了某些個人
看法而得到的覆信：

　　　　日本留學生向來如是，雖有成績佳良者，然大半為日人作殿軍或併
　　　殿軍之資格而無之。……君之志氣甚佳，將來必可為吾國人吐一口
　　　氣。但現在宜注意者如下：
　　　（一）宜重衛生，俾免中途輟學。
　　　（二）宜慎出場演奏，免受人之嫉妒。
　　　（三）宜慎交遊，免生無謂之是非。
　　　（四）勿躐等急進。
　　　（五）勿心浮氣躁。
　　　（六）宜信仰宗教，求精神上之安樂。
　　　附錄格言數則呈閱。〔註28〕

李叔同先是讚勉他志氣甚佳，將來必可為吾國人吐一口氣，同時亦要劉質平注
意六條事項。這些事項對其學習、生活具有重要之意義，可謂是金玉良言。另
外，信中還附有一紙修身格言。可見，李叔同對劉質平之教導與關切，從學習
到人格修養，周全而細微。

　　劉質平在留日期間曾請託李師向浙江一師校長經亨頤謀取一教職，在李

〔註27〕孫繼南：〈弘一大師與劉質平的因緣〉，《弘一大師有關人物論文集》，頁141～
　　　　168。關於李叔同與劉質平間的師生之情，主要依據此篇論文撰寫。
〔註28〕致劉質平（一一○通）·三（一九一六年八月十九日，杭州），《弘一大師全集·
　　　　八》，頁93。

叔同的回覆信中可以知道，經校長告訴李叔同，劉質平在日本期間「曾誹謗母校師長，已造成惡感」，希望他以後發言要謹慎才是。〔註29〕劉質平因此心情苦悶，來函請李師書格言以自警惕，是時李叔同已經完成斷食試驗，應劉生之請，選錄格言九則寄贈，署名李嬰。

此書九則格言（圖25）之信札內容為：

日夜痛自點檢且不暇，豈有工夫點檢他人！責人密，自治疏矣。

不虛心，便如以水沃石，一毫進入不得。

自己有好處，要掩藏幾分，這是涵育以養深；別人不好處，要掩藏幾分，這是渾厚以養大。

涵養全得一「緩」字，凡語言動作皆是。

宜靜默，宜從容，宜謹嚴，宜儉約。四者，切己良箴。

謙退第一保身法，安詳第一處事法，涵容第一待人法，灑脫第一養心法。

物忌全勝，事忌全美，人忌全盛。

世人喜言「無好人」，此孟浪語也。推原其病，皆從不忠不恕所致，自家便是個不好人，更何暇責備他人乎？

面諛之詞，有識者未必悅心；背後之議，受憾者常至刻骨。

質平書來，屬書格言，謹奉余近日所最愛誦者數則，書以報之。

願與質平共奮勉也。　　丁巳初秋　李嬰時在杭州〔註30〕

從所選的格言內容來看，皆是人格修養之嘉言警句，尤其在謹言慎行方面特別注重，如李叔同在後記所言，是他自己當時最愛誦讀者，其實也正是他一貫為人之準則。由是觀之，李叔同此是推己及人之舉，且這幾則格言，至今依然值得敬守。

另外，從這件書札書蹟來看，每一則格言自成段落，以空行隔開，且各有自己的面貌，不僅字形大小有異，章法參差變化，書風上在碑體的基礎上融入帖意，尤以黃山谷書風較為明顯，尤其表現在橫畫、撇捺筆畫的拉伸上。每一則格言筆筆不苟，皆甚用心，整體觀來是一幅精心之作，猶如一位人格修養已

〔註29〕致劉質平（一一○通）・六（一九一七年三月，杭州），《弘一大師全集・八》，頁94。

〔註30〕致劉質平（一一○通）・七（一九一七年，杭州），《弘一大師全集・八》，頁94～95。此通書信，《全集》未標註日期，筆者依書信內容有「又格言數則，亦不可忘」之句判定，是為劉質平書格言數則的回信。

臻圓滿者，令人景仰慕從。

圖25　1917年，38歲，應劉質平之請，選錄格言九則書贈

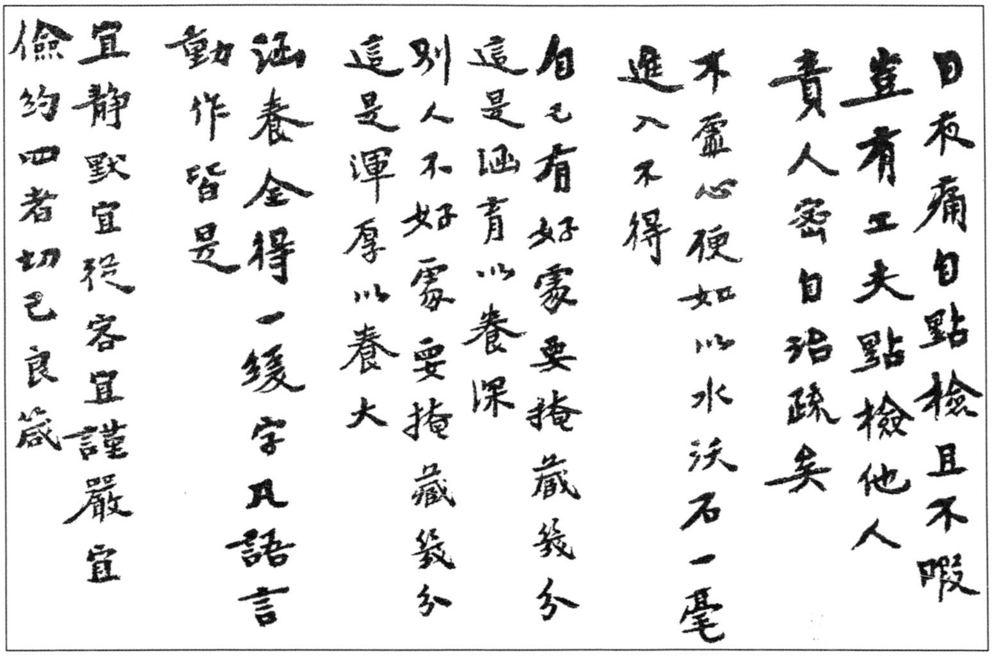

日夜庸日點檢且不暇
豈有工夫點檢他人
責人密自珰疎矣
不靈心便如此水沃石一毫
進入不得
自己有好處要掩藏幾分
這是涵育以養深
別人不好處要掩藏幾分
這是渾厚以養大
涵養全得一緩字凡語言
動作皆是
宜靜默宜從容宜謹嚴宜
儉約四者切己良箴

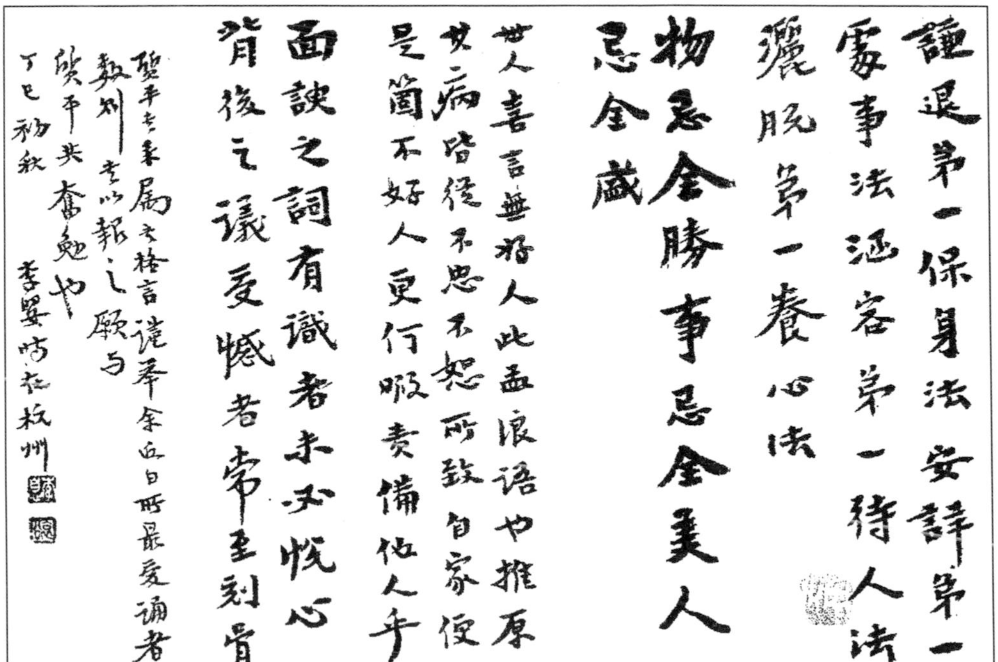

謹退第一保身法　安詳第一
處事法　涵容第一待人法
還脕第一養心法
物忌全勝　事忌全美人
忌全藏
世人喜言無好人此孟浪語也推原
女病皆從不思不恕所致自家便
是簡不好人更行暇責備他人乎
面諛之詞有識者未必悅心
背後之議受憾者常至刻骨

賀平老弟屬之格言諸羍余近日所最愛誦者
熟列書以報之顧與
賀平共奮勉也
李嬰時在杭州
丁巳初秋

出處：《弘一大師書信手稿選集》

　　出家後，弘一法師的文藝觀始終不變，並常勸勉凡有才藝之人，如對郭
若沫（1892～1978）及為《王夢惺文稿》題偈中，皆以「應使文藝以人傳，不
應人以文藝傳」之語勉之。〔註31〕，而最具體的表現，是在寫給自己所贊賞
的金石家許霏（晦廬）的信中說道：

　　　　朽人剃染已來二十餘年，於文藝不復措意。世典亦云：「士先器識而
　　　　後文藝」，況乎出家離俗之侶。朽人昔嘗誡人云：「應使文藝以人傳，
　　　　不可人以文藝傳。」即此義也。〔註32〕

弘一法師在信中對許晦廬所說的話，正可說明「士先器識而後文藝」是他一直
堅持的藝術教育理念，凡是有才藝者或從事藝術工作者，都會以「應使文藝以
人傳，不應人以文藝傳」之語嘉勉。

　　許霏在〈我憶法師〉一文中回憶道：

　　　　　　他雖然出家後對藝術事並不措意，但對於我們的藝術工作卻很
　　　　同情，每次談話和書信中總給我許多啟示。他和我的刻印特別有緣，
　　　　在廿七年冬，他曾在我的百幾顆印稿中，仔細加圈選取數十方，輯
　　　　成「晦廬印存」一集，並署簽題跋其上（此印存我在廿九年二月出
　　　　版）。他因為出家以後，自己絕少鐫石，每有所需，輒命我刻製，因
　　　　此他所常用的印，很有幾個是我刻的。他每對人稱道，但我自視所
　　　　刻並無特異處，這也許是他老人家「善善從長」吧？

　　　　　　大師做人一向是「才不外露」的，他本於「愛人以德」之心，
　　　　每勸我「以德為上，文藝次之」。又常說：「應使文藝以人傳，不可
　　　　人以文藝傳」，但我終於為了工作的責任，用力於藝事者多，用力於
　　　　德性修養者少，未免辜負他諄諄的勸導。〔註33〕

從許霏的回憶可以得知，弘一法師是以「愛人以德」之心，勸勉有文藝才華之
人以德性修養為上，文藝次之，並對其所從事之藝術工作予以許多啟示與讚
賞，可讓人感受到弘一法師器量之大，見識之深也。

二、慈愛護生

　　弘一法師初出家之隔年，虎跑寺有一小黃犬臥病，繼以不起。弘一與寺

〔註31〕林子青：《弘一大師新譜》，頁 423、454。
〔註32〕致許晦廬（一九三八年秋，泉州溫陵養老院），《弘一大師全集‧八》，頁 251。
〔註33〕許霏：〈我憶法師〉，《弘一大師永懷錄》，頁 270～271。

中諸師道侶為小黃犬念佛，依法超度。〔註34〕

　　民國十六年丁卯（1927）夏丏尊應開明書店經理章錫琛邀請，任該書店編輯工作，其後任編輯部主任十數年。〔註35〕時弘一法師計畫書寫銅模字以排印佛書及古書，〔註36〕從民國十八年己巳（1929）陽曆五月六日至舊曆四月十二日，弘一法師寫給夏丏尊的四封信可知，本已試寫三十頁的銅模字，除了書寫上的困難以外，主要是其中有種種之字，為出家人書寫甚不合宜者。如刀部中殘酷凶惡之字甚多，又女部中更不堪言，尸部中更有極穢之字。致使弘一法師在詳細思維後，決定中止，並於信末為之致歉：「余素重然諾，決不願食言。今此事實有不得已之種種苦衷。務乞仁者在開明主人之前，代為求其寬恕諒解，至為感禱。所餘之紙，擬書寫短篇之佛經三種（如《心經》之類是），以塞其責，聊贖余罪。……」〔註37〕大空在〈痛念弘一大師之慈悲〉中說道：

> 擬自寫字典中字以鑄印佛經，至刀部之字，嘆其皆有殺意，不忍再
> 書，遂止之。此大師於起心動念幾微之處，常存佛心之慈悲普覆，
> 光明正大有如是也。〔註38〕

弘一法師在起心動念幾微之處，見刀部字有殺意，見女部、尸部字亦有不堪言與極穢字，故不忍再書而止，真是慈悲到了極點。

　　民國十九年庚午（1930），由豐子愷作畫，弘一法師題詞，李圓淨編輯，馬一浮作序的《護生畫集》出版。

　　豐子愷（1898～1975），原名仁，以字行世，浙江桐鄉市石門鎮人。現代著名畫家、散文家、編譯家。民國三年甲寅（1914）初秋，十六歲的豐子愷以第三名的成績考入杭州的浙江第一師範學校，在就讀期間原想研究國文或理化，但因為李叔同的一句話：「你的畫進步很快，我在南京和杭州兩處教課，沒有見過像你這樣進步快速的人！」〔註39〕從此，打定主意專門學畫，將自

〔註34〕林子青：《弘一大師新譜》，頁168：弘一〈超度小黃犬日記〉。

〔註35〕戴嘉枋：〈弘一大師與夏丏尊先生之法緣〉，《弘一大師有關人物論文集》，頁67～98。

〔註36〕致夏丏尊（一○○通）・六（一九二九年陽曆五月六日，溫州慶福寺）：「今擬改依《中華新字典》所載者書寫，而略增加。總以適用於排印佛書及古書等為主。倘有欠缺，他時尚可隨時補寫也。」《弘一大師全集・八》，頁120～121。

〔註37〕致夏丏尊（一○○通）・一一（一九二九年舊四月十二日，溫州慶福寺），《弘一大師全集・八》，頁121。

〔註38〕大空：〈痛念弘一大師之慈悲〉，《弘一大師永懷錄》，頁291～293。

〔註39〕豐子愷：〈為青年說弘一法師〉，《豐子愷文集・文學卷二》第六冊，頁149。

己的一生奉獻給藝術。日後在美術、音樂、散文領域有很好的成就。豐子愷與李叔同的師生緣，一直延續到豐子愷拜弘一法師為師皈依佛門一事上，在此期間，師徒二人開始共同編繪著名的《護生畫集》。〔註40〕

豐子愷曾發願畫五十幅護生畫，於法師五十歲時祝壽。弘一法師向來不願人為他祝壽，李慧勳等人曾以五旬初度為由，欲為其祝壽，弘一法師寫信力辭，並囑託他們，與其為他祝壽不如校刻《梵網經菩薩戒疏》為是。〔註41〕但此次豐子愷欲畫五十幅護生畫為其祝壽，因為戒殺護生是慈愛眾生之具體行動，弘一法師樂見其成並參與其中，為五十幅題字，並依畫意作白話詩。從弘一法師寫給豐子愷的二十三通信中，從一九二八年四月起，相關畫集之製作，計有二十通。民國二十八年己卯（1939），為祝賀弘一法師六十壽辰，將繪作之六十幅畫稿寄往永春普濟寺。弘一法師對續集的繪出，歡感無盡，於信中除將應題句之畫名列出外，對豐子愷有一番期勉：

> 今年朽人世壽六十，承繪畫集，至用感謝。但人命無常，世壽有限。朽人或不久謝世，亦未可知。仍望將來繼續繪此畫集（每十年繪輯一編，至朽人百齡為止），至第六編為止。朽人若在世，可云祝壽紀念。若去世，可云冥壽紀念（此名隨俗稱之甚未典雅）。或另立其他名目。總之，能再續出四編，共為六編，流通世間，其功德利益至為普遍廣大也。〔註42〕

陳星先生在〈弘一法師與豐子愷〉一文中說道，豐子愷在收到這封信時，正值抗戰期間，局勢險惡，自己流亡在外，命運生死難卜，但自己最崇敬的大師所囑，豈敢不從？因此在回信中表示：「世壽所許，定當遵囑。」日後，豐子愷也確實在他的有生之年實現了他自己曾對大師許下的諾言，完成了護生畫的全部六集的創作。陳星先生更在文中道出《護生畫集》的出版，正與當時西方一時興起的素食護生的思潮，基本宗旨一致，極具時代意義。〔註43〕

而當時由於抗戰期間，各地舉辦的大規模護國法會幾達平均每年一次，這些法會對號召信仰佛教的民眾為抗戰出資出力，對悼念死難將士同胞及安撫其家屬，具有動員會、追悼會的功能。弘一法師在戰爭期間提出「念佛不忘救

〔註40〕陳星：〈弘一大師與豐子愷〉，《弘一大師有關人物論文集》，頁119～140。
〔註41〕林子青：《弘一大師新譜》，頁270。
〔註42〕致豐子愷（二三通）‧二二（一九三九年舊十月，永春普濟寺），《弘一大師全集‧八》，頁192。
〔註43〕陳星：〈弘一法師與豐子愷〉，《弘一大師有關人物論文集》，頁119～140。

國」的同時，亦出版《護生畫集》，大力闡發護生、停止殺戮。這對戰後維護世界和平，維護生態環境也有啟示意義，成為現代保護環境、保護生態平衡的國際運動的先聲。〔註44〕

　　民國二十五年丙子（1935）五十七歲，臥病泉州草庵。在致蔡丏因的信中提到，「余所居鄉間草庵，養蜂四匣。昨日因誤食山中毒花，一匣中死者百數十。今夕余與諸師行施食法，超度此亡蜜蜂等。」〔註45〕其慈心及於昆蟲。

　　民國二十九年庚辰（1940）六十一歲。駐錫普濟寺時，因山鼠擾害，晝夜不寧。毀壞衣服等姑且不論，甚至囓佛像手足，並於像上落糞。弘一法師因閱舊籍，載古人言，以飼貓之飯飼鼠，則無鼠患。姑試為之，果驗。乃撰〈飼鼠免鼠患之經驗談〉。從此，飼鼠年餘，每日飼鼠兩次，飼時并為發願迴向，冀彼等早得人身，乃至速證菩提。〔註46〕

　　民國三十一年壬午（1942）六十三歲，示寂。遺囑共三紙，一紙交付溫陵養老院，囑應對老人開示淨土法門，並優遇老人。二紙交付妙蓮法師，細囑臨終助念及焚化等作法。其中提到：

> 如已裝入龕，即須移承天寺，去時將常用之小碗四個帶去，墊龕四腳，盛滿以水，以免螞蟻嗅味走上致焚化時損害螞蟻生命，應須謹慎。再則已送化身窯後，汝須逐日將墊龕腳小碗之水加滿，為恐水乾去又引起螞蟻嗅味上來故。〔註47〕

一般人臨終之囑託，較常見者是對親情之不捨，遺產之繼承，未了心願之交代等等，但弘一法師卻是擔心螞蟻會因為自己屍身的氣味前來，以致在焚化時而慘遭殺害。弘一法師在此向人們展現的是；所謂的慈悲心，即是為眾生處處設

〔註44〕陳兵、鄧子美合著：《二十世紀中國佛教》（臺北：現代禪，2003 年），頁199。

〔註45〕致蔡丏因（一一〇通）‧六九（一九三四年舊正月廿二日，晉江草庵），《弘一大師全集‧八》，頁166。

〔註46〕弘一〈飼鼠免鼠患之經驗談〉：「昔賢謂以飼貓之飯飼鼠，則可無鼠患。常人聞者罕能注意，而不知其言之確實有據也。余近獨居桃源山中甚久，山鼠擾害，晝夜不寧。毀壞衣服等無論矣。甚至囓佛像手足，并於像上落糞。因閱舊籍，載飼鼠之法，姑試為之，鼠遂漸能馴，不復毀壞衣物，亦不隨處落糞。自是以後，即得彼此相安。現有鼠六七頭，所飼之飯不多，備供一貓之食量，彼六七鼠即可滿足矣。或謂鼠類生殖太繁，未來可慮。今就余年餘之經驗，雖見屢產小鼠甚多，然大半殤亡，存者無幾，不足慮也。余每日飼鼠兩次，飼時并為發願迴向，冀彼等得人身，乃至速證菩提。」《弘一大師新譜》，頁423。

〔註47〕林子青：《弘一大師新譜》，頁460。

想，再多麼微不足道之處也不放過，不教一個眾生因自己的疏忽而受苦遭難；這真是慈愛護生到了極處啊！

三、無言之教

慧田法師在〈我虔念著弘一大師〉一文中，記述著兩件事：

> 誰也知道大師過的日常生活都是「戒律化」的，這不消我再來多所稱說，不過就他住居水雲一段短短時期中，使我又知道他每日的時間，都有一定的分配，一定的規則，他給你定下來的每一個時間的工作，你也要守著他一定的時間的分配來做，一點也不要差越。一天，我因忙了自己的事情，竟忘了為他泡開水的時間，當自己覺察了的時候，也不過過了一個鐘頭光景，他老人家完全不怪你也不箴規你，卻一定要喫起冷水來。由於我的不關心不準時，讓他老人家喫起冷水來，我以為無論一個怎樣放誕散漫的人，都會埋怨自己的不該，而下回決不敢再有不準時的舉動。我想大師的「無言之教」是最可敬佩的。〔註48〕

讀到這裏，不禁想起，當年留日的李叔同還在春柳社時，歐陽予倩與他相約八點見面，只因為晚到五分鐘就不予相見，使歐陽予倩在文中說他是「律己很嚴，責備人也嚴」。〔註49〕出家後的弘一法師，對於時間管理依舊「律己很嚴」，但對於不關心不守時的慧田師，不責怪不箴規，而到了既定的時間該喝的水沒煮開，冷水也是照喝，這番舉措使得慧田師自責而不敢再散漫了。接著，慧田師又記述著一樁「無言之教」：

> 又記得一天大師在寺後田陌上散步回來，恰我在廚房煮菜時，丟了幾個壞的小白蘿蔔在泥淖裏，他雖然沒曾看見是我丟的，可是竟拾了回來，當拾了甚麼好東西似的，歡喜的對我說：「生蘿蔔喫下最是補氣的。」「喫生蘿蔔補氣我是不明白的，而丟了蘿蔔作了孽我是知道。」我這樣地想著，急得我告訴他說：「田裏還有很好的，我可以拿幾個來給你喫。」他堅持不要，就把那泥淖中拾起來的小蘿蔔放了些鹽，甜蜜蜜地喫了起來。在我很是難過的，從此我便也再不敢，

〔註48〕慧田法師：〈我虔念著弘一大師〉，《弘一大師永懷錄》，頁227。

〔註49〕林子青：《弘一大師新譜》，頁93～95；歐陽予倩〈春柳社的開場、兼論李叔同的為人〉。

　　並禁止了我的工人，在山上亂丟食物了。〔註50〕

弘一法師看到食物被浪費的情形，並沒有去指責正在廚房煮菜的慧田法師。一般人看到這種情形，很快就會聯想到這幾個壞的小白蘿蔔肯定是他丟棄在地，但弘一法師卻將它撿拾回來，還很珍惜般地好像撿回了什麼好東西似地，歡喜的告訴他吃生蘿蔔最是補氣了，當著他的面甜蜜地喫了起來。這換作是我，也要羞愧地抬不起頭，不敢再有下次了。李叔同小時候他的哥哥常教他念「惜食，惜衣，非為惜財緣惜福」，是他父親筱樓公請人寫在大廳抱柱上劉文定公的句子。又七歲時，拿整張紙瞎寫，為母親告誡要懂得惜福。日後，弘一法師的惜物精神，在此以身作則，帶給慧田師以一種無言說的教化。這不禁讓人想到弘一法師任教杭州時，對學生的三鞠躬，不指責只是輕聲叮囑，尊重有禮的對待，反倒讓犯錯者由衷地感到慚愧，發自內心的知道自己做錯了，這種感化人的無言之教，真堪為人師範，一代師表，也教人看見弘一法師從小到大，始終如一的人格修養工夫。

四、鹹淡均味，安於清貧

　　夏丏尊在〈「子愷漫畫」序〉中提到，自己因為某種因緣而得以與方外好友弘一和尚相聚好幾日。行文甚長，但以夏先生的文筆，有畫面，有對話，彷彿是現場直播，可以讓讀者看見弘一法師的生活，並領受到夏先生在見證這般生活當下的心情：

　　　　他這次從溫州來寧波，原預備到了南京再往九華山去的。因為江浙開戰，交通有阻，就在寧波暫止，掛褡於七塔寺。我得知就去望他。雲水堂中住著四五十個遊方僧。鋪有兩層，是統艙式的。他住在下層，見了我笑容招呼，和我在廊下板凳上坐了，說：「到寧波三日了。前兩日是住在某某旅館（小旅館）裏的。」

　　　　「那家旅館不十分清爽罷。」我說。

　　　　「很好！臭蟲也不多，不過兩三隻。主人待我非常客氣呢！」他又和我說了些輪船統艙中茶房怎樣待他和善，在此地掛褡怎樣舒服等等的話。

　　　　我惘然了。繼而邀他明日同往白馬湖去小住幾日，他初說再看機會，及我堅請，他也忻然答應了。

〔註50〕慧田法師：〈我虔念著弘一大師〉，《弘一大師永懷錄》，頁 227。

行李很是簡單，鋪蓋竟是用粉破的席子包的。到了白馬湖後，在春社裏替他打掃了房間，他就自己打開鋪蓋，先把那粉破的席子丁寧珍重地鋪在床上，攤開了被，再把衣服捲了幾件作枕。拿出黑而且破得不堪的毛巾走到湖邊洗面去。

「這毛巾太破了，替你換一條好嗎？」我忍不住了。

「那裏！還好用，和新的也差不多。」他把那條破手巾珍重地張開來給我看，表示還不十分破舊。

他是過午不食的了。第二日未到午，我送了飯和兩碗素菜去（他堅持說只要一碗的，我勉強再加了一碗），在旁坐了陪他。碗裏所有的原只是菜服白菜之類，可是在他卻幾乎是要變色而作的盛饌，丁寧喜悅地把飯划入口裏，鄭重地用筷夾起一塊菜菔來的那種了不得的神情，我見了幾乎要流下歡喜慚愧之淚了！

第二日，有另一位朋友送了四樣菜來齋他；我也同席。其中有一碗鹹得非常的，我說：

「這太鹹！」

「好的！鹹的也有鹹的滋味，也好的！」

我家和他寄寓的春社相隔有一段路，第三日，他說飯不必送去，可以自己來喫，且笑說乞食是出家人的本事的話。

「那末逢天雨仍替你送去罷。」

「不要緊！天雨，我有木屐哩！」他說出木屐二字時，神情上竟儼然是一種了不得的法寶。我總還有些不安。他又說：

「每日走些路，也是一種很好的運動。」

我也就無法反對了。

在他，世間竟沒有不好的東西，一切都好，小旅館好，統艙好，掛褡好，粉破的席子好，破舊的手巾好，白菜好，菜菔好，鹹苦的蔬菜好，跑路好，甚麼都有味，甚麼都了不得。〔註51〕

從夏先生這篇序文所節錄的這一小段文字，已經可以見識到弘一法師在食、衣、住、行上的生活態度，是這般地檢樸、惜福到讓人心生慚愧。以弘一法師的身體狀況，本有神經衰弱症，需要清潔安靜的環境；有血虧症，到了虛

〔註51〕夏丏尊：〈「子愷漫畫」序〉，《弘一大師永懷錄》，頁216〜217。

不受補的情況，需要靜養並補充營養。但住在有跳蚤、人多擁擠的地方，卻說住得舒服又誇主人茶房待他客氣和善；用的席子、毛巾已經十分破舊，枕頭是用衣服捲著充當，但卻是日常；吃得那麼少，卻是這般喜悅，只是多一樣菜竟是慎重以待，不嫌滋味，隨遇自得。這不是夏先生看見了惘然、幾乎要流下歡喜慚愧之淚，大概凡是見到這般情景的人，都要慚愧自責了。葉紹鈞在〈兩法師〉一文中提到會見弘一法師之事，在用餐之際，葉先生說道：「我看他那曾經揮灑書畫彈奏音樂的手鄭重地夾起一莢豇豆來，歡喜滿足地送入口裏去咀嚼的那種神情，真慚愧自己平時的亂吞胡咽。」葉先生的心情肯定是能引起不少的共鳴，筆者即是其一。

慧田在〈我虔念著弘一大師〉中記述了法師小住水雲地方之事：

> 由於水雲地方的簡陋，設備的不全，故大師來住的時候，我只能夠
> 於可能的範圍內，打掃兩間簡陋的房間讓他作為靜修之室，睡眠的
> 床還是由我讓下的兩扇門板搭成的，在我很是過意不去，而他老人
> 家見了，卻非常的歡喜，滿口都是很好很好的。要曉得世間上最無
> 用最壞的東西，在他心口中都要變成好的，有用的東西啊！認真地
> 說起來，在他眼中，根本就一切沒有分別。〔註52〕

床是用兩扇門板搭成，這張硬梆梆的床能睡得安穩嗎？會不會一個翻身給拆散啦？一般人恐怕要有些顧慮，但弘一法師見著了卻非常歡喜，直道是好，彷彿世間事物無好壞之差別，最無用最壞的東西，在他心口都要變成好的，有用的東西。因此，夏丏尊如此讚嘆道：

> 這是何等的風光啊！宗教上的話且不說，瑣碎的日常生活到此境界，
> 不是所謂生活的藝術化了嗎？人家說他在受苦，我卻要說他是享樂，
> 我當見他喫萊菔白菜時那種愉悅丁寧的光景，我想：萊菔白菜的全
> 滋味，真滋味，怕要算他才能如實嘗得的了。對於一切事物，不為
> 因襲的成見所縛，都還他一個本來面目，如實觀照領略，這才是真
> 解脫，真享樂。〔註53〕

弘一法師這般鹹淡均味，安於清貧的生活，夏丏尊以「生活的藝術化」稱讚，看在尋常人眼中是在受苦，但他認為是在享樂，他能嚐到萊菔白菜的全滋味，

〔註52〕慧田法師：〈我虔念著弘一大師〉，《弘一大師永懷錄》，頁227。
〔註53〕夏丏尊：〈「子愷漫畫」序〉，《弘一大師永懷錄》，頁217。

他能享受喫萊菔白菜當下的愉悅，不被事物的成見束縛，還它一個本來面目，是真解脫、真享樂表現。或許，當年佛陀在世時，那「日中一食，樹下一宿」的出家人本色，在弘一法師身上，也能讓人依稀彷彿地感受得到吧！

五、避絕虛舉，怕墮名聞利養

在胡樸安〈我與弘一大師〉〔註54〕中提到一件事，這是在民國八年己巳（1919）秋天時，弘一法師離開虎跑寺至靈隱寺掛單。曾是南社舊侶與太平洋報同事的胡樸安，前往拜訪，賦詩贈曰：

> 我從湖上來，入山意更適。日澹雲峰白，霜青楓林赤。
> 殿角出樹杪，鐘聲雲外寂。清溪穿小橋，枯藤走絕壁。
> 奇峰天飛來，幽洞窈百尺。中有不死僧，端坐破愁寂。
> 層樓聳青冥，列窗把朝夕。古佛金為身，老樹柯成石。
> 雲氣藏棟梁，風聲動松柏。弘一精佛理，禪房欣良覿。
> 豈知菩提身，本是文章伯。靜中忽然悟，逃世入幽僻。
> 為我說禪宗，天花落几席。坐久松風琴，樓外山沉碧。

胡樸安在這首詩中，是將弘一法師定位為一位久坐開悟，為他說禪的大禪師。對於胡氏之贈詩，弘一法師書「慈悲喜捨」橫幅答之，並語胡樸安曰：「學佛不僅精佛理而已，又我非禪宗，並未為君說禪宗，君詩不應誑語。」在文中，胡樸安說道：「樸安囿於文人之習慣，不知犯佛教誑語之戒，於是深敬大師持律之精嚴也。文人學子學佛者，多學禪宗，或學相宗，近也多學密宗，大師獨精嚴戒律，此所以德高而行嚴也。」胡樸安因為弘一法師之指正，知道自己的文人習氣犯了佛教誑語之戒，也就是說了不真實的吹捧的話，於是因弘一法師的指正而佩服其精嚴戒律之行止，也讓人見識到弘一法師避絕虛舉之嚴正態度。

民國十三年甲子（1924）八月，手書《四分律比丘戒相表記》脫稿，是時並預立〈遺囑〉致劉質平：

> 余命終後，凡追悼會、建塔及其他紀念之事，皆不可做。因此種事與余無益，反失福也。倘欲做一事業與余為紀念者，乞將四分律比丘戒相表記，印二千冊。（以一千冊交佛學書局流通，以五百冊贈與上海

〔註54〕胡樸安〈我與弘一大師〉，《弘一大師永懷錄》，頁244～245。文中所錄胡樸安賦贈之詩、弘一法師語胡樸安言，與胡樸安之感言，皆引自此文，故不再一一加註。

內山書店存貯，以後隨意贈與日本諸居士，以五百冊分贈同人。）此
書為余出家以後最大之著作，故宜流通，以為紀念也。〔註55〕

世俗之人對於高僧圓寂都會以辦追悼會、建塔等活動來紀念，弘一法師也是明
白地，於是預立遺囑告誡，這些事皆不可做，要紀念他，就是將他出家後最大
之著作《四分律比丘戒相表記》刊印分贈。可見，流通佛法，是紀念弘一法師
最好的方式。此外，除上述二事蹟之外，李于右〈弘一法師與泉州〉一文提到，
有人請為他纂述年譜，他說：「慚愧，生平無足記述者。」六十歲時，浙江緇
素弟子，徵文為壽，他聞知了，致書千里外，囑以所集之資，轉奉衛國戰士及
避難同胞，庶幾有用。〔註56〕諸如此類，皆可見弘一法師嚴持戒律，避絕一切
虛浮之舉，足以為人範式。

　　弘一法師自出家以來，常掩室謝客，閉關念佛、寫經、研教，罕預講務，
對於出家人不追求名聞利養之戒律向來嚴守，如民國十四年（1925）四十六歲，
弘一法師於城下寮閉關，溫州道尹林鷗翔、章宗祥，前後慕名來訪，弘一法師
均稱病，未予接見。〔註57〕

　　然而，自民國十七年戊辰（1928）來閩南，直到三十一年（1942）逝世，
共計十四年。其間曾去過浙江、上海、青島等地，共約三年；在廈門、漳州，
也共約三年；其餘有七、八年是在泉州，即舊泉州府屬包括永春在內各縣。
駐錫過的寺院有同安的梵天寺、永春的桃源殿、普濟寺，南安的雪峰寺、靈
應寺、水雲洞；惠安的淨峰寺、靈瑞山；晉江的水心亭、草庵、福林寺以及
泉州城鄉的開元寺、承天寺、銅佛寺、溫陵養老院，等等。因與閩南很有緣，
特別是泉州，弘一法師一改以往態度，願意廣結法緣，破例為泉州人弘法、
講經，寫了很多字，甚至赴了幾次宴。〔註58〕儘管如此，並不代表弘一法師
樂意如此。民國二十五年丙子（1936）五十七歲時，閩南佛學院仁開法師訪
師於日光巖，請師發心弘揚律學。弘一法師寫信回覆道：

　　承示諸事，朽人已詳細思審，至為慚惶。朽人初出家時，常讀靈峰
　　諸書，於「不可輕舉妄動，貽羞法門」、「人之患在好為人師」（此語
　　出自《孟子》，《宗論》引用。）等語，服膺不忘。豈料此次到南閩
　　後，遂爾失足。妄踞師位，自命知律；輕評時弊，專說人非；大言

〔註55〕致劉質平〈遺囑〉，《弘一大師全集‧八》圖版墨迹，頁374。
〔註56〕李于右〈弘一法師與泉州〉，《弘一大師永懷錄》，頁311～315。
〔註57〕林子青：《弘一大師新譜》，頁235。
〔註58〕《弘一大師永懷錄》，頁311～315。

> 不慚，罔知自省。去冬大病，實為良藥。但病後精力乍盛，又復妄
> 想冒充善知識。辛以障緣重重，遂即中止。至古浪後，境緣愈困，
> 煩惱愈增。因以種種方便，努力對治。幸承三寶慈力加被，終獲安
> 穩。但經此風霜磨練，遂得天良發現，生大慚愧。追念往非，噬臍
> 無及。決定先將「老法師、法師、大師、律師」等諸尊號，一概取
> 消。以後誓不敢作冒牌交易。〔註59〕

弘一法師對於自己來到閩南後，為人弘法、講經，甚至赴了幾次宴，相當地自
責，感到十分慚愧，認為自己懂些戒律就好為人師，又輕評時弊，大言不慚，
雖曾大病一場，教他懂得反省自己，但病後又故態復萌，追求起名聞利養，幸
好因種種障緣而止，令自己天良發現，生大慚愧心，從此改過，先將「老法師、
法師、大師、律師」等諸尊號，一概取消，誓不作冒牌交易。由此可見，弘一
法師律己甚嚴，常自反省，生慚愧心。

民國二十六年丁丑（1937）五十八歲時，從元旦開始，在南普陀舊功德樓
為眾講《隨機羯磨》。當時因心緒不佳，諸事繁忙，而寫信給高文顯說道：

> 邇來心緒不佳，諸事繁忙，養正院訓育課，擬請仁者代授。四月初
> 旬，講律事即可結束，將往他方，埋名遯世，以終其天年，實不能
> 久墮此名聞利養窟中，以辜負出家之本志也。〔註60〕

弘一法師本在南普陀寺講《隨機羯磨》，後來養正院請弘一法師教訓育課，這
事弘一法師交給高文顯去辦，乃是認為此舉會使自己墮名聞利養窟中，而有違
出家本志。一月二十二日，廈門大學教師李相勗，託勝進居士請弘一法師到廈
大開示佛法，法師堅辭不往，謂侍者傳貫法師曰：「余生平對於官人及大有名
稱之人，並不敢共其熱鬧親好。怕墮名聞利養故，又防於外人譏我趨名利也。」
〔註61〕四月，在夢參法師再三啟請之下，雖應許至湛山寺講律，卻也是事先約
法三章：不為人師、不開歡迎會、不登報吹噓。四月初五日啟程。當時，葉恭
綽居士致電湛山寺欲往迎接，弘一法師得知此事，馬上改搭別船，不在原訂地
點下船。〔註62〕五月，青島市長沈鴻烈，因為朱子橋居士有事到青島，在湛山
寺設齋請他。朱建議也請弘一法師，沈市長表示同意。結果師不赴請，以偈辭

〔註59〕致仁開法師（一九三六年七月，鼓浪嶼日光巖），《弘一大師全集・八》，頁311。
〔註60〕致高文顯（三五通）・一七（一九三七年正月十二日，廈門南普陀寺），《弘一
　　　　大師全集・八》，頁227。
〔註61〕林子青：《弘一大師新譜》，頁369、373。
〔註62〕林子青：《弘一大師新譜》，頁378。

之曰：「為僧只合居山谷，國士筵中甚不宜。」朱、沈得偈，益欽其高風。
〔註63〕從上述幾則事例，皆可看見弘一法師怕墮名聞利養之堅定態度。

至於為閩南人一改態度，各地弘法講經，寫字結緣，這或許從寫給豐子愷的兩封信中，可以理解當時弘一法師的心理：

> 惠書誦悉。至用歡慰。朽人於去夏初，往青島講律，秋末返廈門。途經上海，曾與夏、章諸居士晤談。居廈門數月。至舊年暮，到草庵度歲。戊寅元旦始，在泉州承天寺復講。此外於泉州各地及惠安，演講甚忙。寫字極多，居泉不滿兩月，已逾千件。幸身體康健，不畏其勞也。……朽人出家已來，恆自韜晦，罕預講務。乃今歲正月至泉州後，法緣殊勝，昔所未有，幾如江流奔騰不可歇止。朽人亦發願為法捨身。雖所居之處，飛機日至數次（大炮疊鳴，玻璃窗震動），又與軍隊同住（軍人住寺內），朽人亦安樂如恆，蓋已成為習慣矣。幸在各地演講，聽者甚眾，皆悉歡喜。於兵戈擾攘時，朽人願盡綿力，以安慰受諸痛苦驚惶憂惱諸眾生等，當為仁者所贊喜。惟自慚道德學問皆無成就，冒充善知識，虛受信施，濫膺恭敬，至為痛心，時以赧顏。但常慎重審慮，戰戰兢兢，如臨深淵，如履薄冰，不敢任性率情，庶幾無大過歟。〔註64〕

在這封信中，道出兩個主要原因：一是法緣殊勝，故隨順眾生；二是願以演講安慰在戰爭中受諸痛苦驚惶憂惱之諸眾生。然而值此之際，又自慚道德學問無所成就而冒充善知識，慎重審慮，不敢任性率情。由是可見弘一法師是一位經常反省、自我要求的人。過不久，又寫信給豐子愷說道：

> 朽人居閩已十年，緇素諸善友等護法甚力。朽人年來老態日增，不久即往生極樂。故於今春在泉州及惠安盡力弘揚佛法，近在漳州亦爾。誠自慚智識不及，亦藉是以報答諸善友之厚誼耳。猶如夕陽，殷紅絢彩，隨即西沉。吾生亦爾，世壽將盡，聊作最後之記念耳。漳州弘法諸事尚未能了，緣是不克他往。桂林諸居士若有屬書者，乞隨時示知。朽人甚願以書迹廣結善緣，與在桂林居住無以異也。〔註65〕

〔註63〕火頭僧：〈弘一律師在湛山〉，《弘一大師永懷錄》，頁205。
〔註64〕致豐子愷（二三通）‧一四（一九三八年四月十八日，泉州承天寺），《弘一大師全集‧八》，頁190。
〔註65〕致豐子愷（二三通）‧一五（一九三八年九月三十日，漳州瑞竹巖），《弘一大師全集‧八》，頁191。

弘一法師自知世壽將盡，之所以各地弘法，以書迹廣結善緣，皆是為給緇素諸善友，聊作最後之紀念耳。

　　但不久之後，民國二十八年己卯（1939）六十歲時，在永春桃源殿為眾講完《佛教之簡易修持法》後，旋入崑峰（蓬壺）普濟寺。寫信告訴劉質平說：「朽人世壽周甲已過。擬自下月中旬始，至明年除夕止，謝絕俗務，專心修持，須俟農曆壬午元旦，乃可與仁等通信也。」〔註66〕隔年又致信夏丏尊說：「擬於雙十節後，即閉關著書，辭謝通信及晤談等事。以後於尊處亦未能通信。」〔註67〕從此摒除應接，閉戶清修，從事著述，息影於古寺之中。

六、敬佩詩人韓偓忠烈

　　弘一法師敬佩晚唐五代詩人韓偓之忠烈。韓偓（844～923），字致堯，小字冬郎，號玉山樵人，京兆萬年（今陝西西安）人，是李商隱（813～約858）的外甥。自幼聰穎，十歲能詩。龍紀元年（889）進士，初佐河中幕府，後入朝，歷任左拾遺、左諫議大夫、度支副使、翰林學士、兵部侍郎等，頗受唐昭宗之倚重。然身處藩鎮交戰之晚唐，因秉持忠鯁之氣，不肯依附叛亂篡位的朱全忠，避身泉州終老，晚節堪稱「唐末完人」。〔註68〕

　　民國二十二年癸酉（1933）小陽春十月時，弘一法師與廣洽法師偕同前往淨覺寺，坐車經過泉州西門外，發現「唐學士韓偓墓道」石碑，矗立在潘山路旁。高文顯在〈弘一法師的生平〉一文中記道，當時的弘一法師：「驚喜欲狂，對著這位忠烈的愛國詩人，便十分注意起來。」〔註69〕弘一法師為何見到韓偓墓道，會如此地「驚喜欲狂」，王爾康先生指出，這可從他所寫的第一次序文得知：

> 因憶兒時居南燕，嘗誦偓詩，喜彼名字，乃五十年後，七千里外，
> 遂獲展其墦墓，因緣會遇，豈偶然耶？余於晚歲，避居南閩，偓以
> 避地亦依閩王而終其身，俯仰古今，能無感愴！〔註70〕

〔註66〕致劉質平（一一〇通）‧一〇四（一九四〇年舊九月三十日，永春普濟寺），《弘一大師全集‧八》，頁117。

〔註67〕致夏丏尊（一〇〇通）‧九六（一九四一年舊十月一日，泉州開元寺），《弘一大師全集‧八》，頁141。

〔註68〕弘一大師發起，高文顯編著：《韓偓》（臺北：新文豐出版社，1984年），頁1～40。

〔註69〕高文顯：〈弘一法師的生平〉，《弘一大師永懷錄》，頁192～197。

〔註70〕弘一：〈韓偓全傳序〉，《弘一大師全集‧七》，頁438。

弘一法師從小曾經誦念韓偓詩而喜其名，過五十年後，竟然偶遇韓偓墓碑，這番因緣際會，真是不可思議。自此之後，弘一法師便開始蒐集資料，曾致信劉質平，請貴校國文老師協助檢尋韓偓傳，抄寫寄下。〔註71〕又於民國二十四年乙亥（1935）二月尋覓墓地，不得。〔註72〕同年十一月九日弘一法師請藝軒照像館在墓碑旁照相（圖26），十一月十三日致高文顯的信中說道：

> 近在韓偓墓道碑前，攝影一葉。仁者暇時，宜編輯《韓偓評傳》
> 一卷，（或僅題名曰《韓偓》，或用他名，乞酌之。）偓居南安久，墓
> 亦在此，是為尊邑最勝之古迹，想仁者必樂為提倡也。

> 最要者，為辨明《香奩集》決非偓作。（《辭源》中《香奩集》
> 一條，已為考據辨正，乞檢閱之。）……近代《香奩集》流通甚廣，
> 以此污偓，實為恨事。偓乃剛正之人，豈是作香奩詩者？〔註73〕

在這封信中，弘一法師囑託高文顯為韓偓編寫一部傳記，自己已撰文辨明《香奩集》決非偓作。接著，在信中詳示編輯之法，後排列參考諸書，其中《泉州府志》、《歷代名人字典》、《辭源》之資料，是由弘一法師親自檢閱擇錄；《新唐書・韓偓傳》是請黃寄慈手寫；《韓內翰別集》是委託蔡冠洛尋覓寄奉。由此可見弘一法師之用心與認真。最後於信末後說道：「余久荒文事，不能詳舉參考諸書，乞向廈大教師詢問。及自於圖書館中目錄內尋求，當尚有甚多可資參考者。」高文顯於一九三三年考入廈大心理系，故可就近向廈大教師詢問並利用圖書館資源。受囑託的高文顯，當時才二十歲左右，具文藝才能，擅長散文與新詩創作，又有畫圖畫、照相、唱歌，乃至生物實驗等的多方愛好，與弘一法師是忘年之交，亦是弘一法師所收的三名學藝弟子之一。〔註74〕

〔註71〕致劉質平（一一○通）・八一（一九三四年十一月，廈門萬壽巖）：「乞煩尊校國文教師，檢尋晚唐詩人韓偓傳，抄寫寄下，為禱。」《弘一大師全集・八》，頁113。

〔註72〕致高文顯（三五通）・五（一九三五年舊十一月，泉州承天寺）：「墓道碑字，舊塗朱色，久已脫落。仁者於寒假返里時，能以洋漆（朱色）再塗治之，尤善。……又余前往山麓覓偓墓不得。仁者能於附近各地詳為尋覓，或能發見亦未可知也。」《弘一大師全集・八》，頁225。

〔註73〕致高文顯（三五通）・四（一九三五年舊十一月十三日，鼓浪嶼日光巖），《弘一大師全集・八》，頁224～225。

〔註74〕王爾康：〈記終生敬奉弘一大師的高文顯先生〉，《弘一大師有關人物論文集》，頁241～280。關於高文顯之生平，以及與弘一法師相識至終生敬奉之歷程，

圖26　1935年，56歲，弘一法師於韓偓墓道碑前攝影

出處：《韓偓傳》

　　高文顯在這許多資料的基礎下，從弘一法師的致信中可知，於一九三六年五月時應已寫就，時駐錫於鼓浪嶼日光巖閉關的弘一法師，於環境極差的條件下，逐章逐節逐字逐句地修改草稿。〔註75〕民國二十六年丁丑（1937）釋迦成道日完稿後，弘一法師隆重地舉行超薦儀式，供「唐學士韓偓」牌位，擺上稿本，囑庫房備香花齋果，請養正院全體學僧上樓念經，替韓偓迴向。

　　　　王先生考述精詳，此小段內容主要依據王先生之文撰寫。

〔註75〕致高文顯（三五通）·八（一九三六年舊五月，鼓浪嶼日光巖）：「《韓偓》原稿
　　　　（第一次），乞交下對閱，俟明春奉還。」致高文顯（三五通）·一二（一九三
　　　　六年九月一日，鼓浪嶼日光巖）：「前交來之稿，已改就。」致高文顯（三五通）·
　　　　一七（一九三七年正月十二日，廈門南普陀寺）：《韓偓》原稿，附奉還。」《弘
　　　　一大師全集·八》，頁 226、227。王爾康在〈記終生敬奉弘一大師的高文顯先
　　　　生〉一文中指出，弘一法師於鼓浪嶼日光巖閉關，原訂三年，但環境不合，廚
　　　　房工友深夜高聲聊天，早上做菜飯菜聲響大，煙突冒濃煙薰人，影響很大。但
　　　　他還是意志力頑強地住了幾個月。《弘一大師有關人物論文集》，頁 254。

要高文顯像孝眷一樣拈香跪拜，自己也穿上袈裟，排在學僧的前首，參加念誦經咒。〔註76〕在這段期間，弘一法師亦為韓偓寫《藥師經》一卷，後奉贈劉質平，以為紀念。〔註77〕

　　然而，《韓偓》書稿在交付開明書店排校中，燬於日寇「八一三」炮火。為此弘一法師曾懷疑是表彰太過，故而被燬，而從辨正《香奩集》堅定的態度，改為暫時的假定，不再是以前肯定的口吻。〔註78〕其實，關於《香奩》，王爾康先生指出，「實當時詩壇風氣使然。宋人亦有以《香奩集》為和凝作而託名韓偓者，近人嚴簡弼曾撰文深辨其非。」〔註79〕但弘一法師卻因此自責，不敢再堅持下去。

　　雖然《韓偓》書稿因開明總廠被焚而燬，幸好弘一法師親手刪改的底稿還在，便讓文顯有空再整理，自己則繼續蒐集韓偓遺事。到永春後，為其擇錄《永春縣志》等相關史料，託人錄出《永春縣志‧流寓傳補遺‧韓偓傳》全文，交性常法師，代為收貯，待其返國時領取。託人墨拓永春鄉間某寺韓偓所寫對聯等之石刻；囑李芳遠去陳山巖尋覓偓撰楹聯石刻署款之處……，以上種種，皆可讓人感受到弘一法師為協助高文顯完成編撰《韓偓傳》之苦心。

　　民國三十年辛巳（1941），重新編撰的《韓偓傳》初稿完成，弘一法師寫給高文顯的信中說道：「考據精詳，論斷正確。雖曰表彰忠節，實亦闡揚佛法。功在萬世，利及羣生，豈唯偓一人受其賜耶？」〔註80〕《韓偓傳》以表彰忠義氣節而闡揚佛法，可利益群生，不只韓偓一人得益而已。時已六十二歲的弘一

〔註76〕高文顯編著：《韓偓‧跋》（臺北：新文豐，1984年），頁146～147。

〔註77〕致劉質平（一一〇通）‧九三（一九三七年舊九月，廈門萬石巖）：「又前為韓偓寫《藥師經》一卷，亦以奉贈。俟余六十歲時，或可同人集資印此經，以為紀念也。」《弘一大師全集‧八》，頁115。

〔註78〕高文顯《韓偓‧跋》：「因為偓稿的被炸，他（大師）竟懷疑《香奩集》恐怕是韓偓所作的了。他笑著向我說香奩的詩格很高，韓詩也很清麗，非韓偓不能有此手筆，想是表彰韓偓太過，被燬是應該的吧！況且替他辨正說是和凝所假託，那不是開罪了和凝嗎？所以當我把舊稿整理後，從菲島託人帶給他刪改校正時，他就把以前我辨正《香奩集》堅定的態度，刪改為暫時的假定，不像以前那種肯定的口吻了，那時他居石獅檀林鄉的萬林寺，他又寫了一個條子給妙蓮法師，請他念《心經》一卷為和凝迴向呢！」頁147。

〔註79〕王爾康：〈記終生敬奉弘一大師的高文顯先生〉，《弘一大師有關人物論文集》，頁265。

〔註80〕致高文顯（三五通）‧三五（一九四一年舊八月二日，晉江福林寺），《弘一大師全集‧八》，頁233。

法師，重新撰序：

> 勝進居士為撰倨傳，以示青年學子，俾聞其風者，勵節操，祛卑污，
> 堪為世間完人；漸次薰修佛法，則是書流布，循循善誘，非無益矣。
> 夫豈世俗文學典籍，所可同日語耶？〔註81〕

王爾康先生指出，此序的立意，已從辨偽，轉向「勵節操，祛卑污」。〔註82〕
筆者認為，從這裏也可看見弘一法師常自反省的儒家精神。而且，當初之所
以辨偽，在於對韓倨不願附逆，耿耿孤忠之氣節的敬仰，雖一度被燬，但也
使日後重新編纂不再侷限於學術上的辨偽，而是將韓倨忠烈的氣節表彰出
來，如此將能藉此影響更多的人效法學習，這應當是弘一法師反省之後所做
的改變。此外，在初稿完成後，都將功勞歸給高文顯（勝進居士），若不是透
過書信、《永懷錄》及相關文獻，無法曉得弘一法師在這過程中之用心良苦，
也在此看見一位為人師者之風範，令人敬仰。

七、護教愛國

　　民國十五年丙寅（1926）六月，國民革命軍出師北伐。隨著國民革命軍浪
潮席捲大江南北，反宗教反迷信呼聲也大為高漲。由於各地國民軍軍政當局並
不了解傳統佛教已在嬗變之中，往往簡單地認為反迷信就是反佛教，有的指
使，有的縱容軍警衝擊佛教，導致玉石俱焚。一般來說，各地排佛情況多視當
權者的個人好惡而定。在河南，因馮玉祥信基督教，曾派軍警搗毀當地首剎開
封大相國寺，寺產沒收，所有僧尼概行驅逐。他一帶頭，全省大小寺院均遭空
前搶劫、毀壞。此外，陝西、甘肅、江蘇、四川、廣東、察哈爾、安徽、貴州
等地也相繼發生類似事件。〔註83〕

　　民國十六年丁卯（1927）春，弘一法師閉關於杭州雲居山常寂光寺。據陳
慧劍先生的研究指出，當時南京政府主政的官員推行「闢佛」政策，要把佛寺
接收改為「學校、工廠、醫院」設施，而浙江教育當局也隨之響應，主要人物
為主持教育文化的蔡元培等人。弘一法師曾有一封致「吾師蔡子民」的信，就
是談的這回事。寫信的時間，是一九二七年四月十八日（舊曆三月十七日）。

〔註81〕高文顯編著：《韓倨》，頁1。
〔註82〕王爾康：〈記終生敬奉弘一大師的高文顯先生〉，《弘一大師有關人物論文集》，
　　　　頁267。
〔註83〕鄧子美：《傳統佛教與中國近代化──百年文化衝撞與交流》（上海：華東師範
　　　　大學，1994年），頁204～212。

寫信的對象，還有前浙師校長經亨頤、南洋公學同學馬敘倫，當時浙江教育廳長周少卿、主管浙江省政宣傳事務（前浙江一師學生）宣中華。這些人都是民國十五、六年間浙江文化界當權人物，尤其是宣中華，最反佛教。〔註84〕

弘一法師在信中對當時僧眾素質良莠不齊的情況，恐主政當局於此有所隔膜，將來整頓之時，或未能一一允當，故進而推薦太虛、弘傘二法師為僧眾委員，專任整頓僧制之事：

> 據鄙意，願推薦太虛法師及弘傘法師任之。此二人，皆英年有為，膽識過人。前年曾往日本考察一切，富於新思想，久有改革僧制之弘願。故任彼二人為委員，最為適當也。至將來如何辦法，統乞仁等與彼協商。對於服務社會之一派，應如何盡力提倡（此是新派）；對於山林辦道之一派，應如何盡力保護（此是舊派，但此派必不可廢）。對於既不能服務社會，又不能辦道山林之一流僧眾，應如何處置；對於應赴一派（即專作經懺者），應如何嚴加取締；對於子孫之寺院（即出家剃髮之處），應如何處置；對於受戒之時，應如何嚴加限制。如是等種種問題，皆乞仁者仔細斟酌，妥為辦理。俾佛門興盛，佛法昌明，則幸甚矣。此事先由浙江一省辦起，然後遍及全國。弘傘法師現住裏西湖新新旅館隔壁招賢寺內。太虛法師現住上海（其住址問弘傘法師便知）。謹陳拙見，諸乞垂察。不具。
>
> 　　　　　　　　　　　　　　　弘一　三月十七日
>
> 昨聞友人述及仁者五人現任委員。此外尚有數人，或係舊友，亦未可知。并乞代為致候。〔註85〕

弘一法師在信中推薦英年有為、膽識過人的太虛法師及弘傘法師整頓僧制，又根據當時僧眾現狀，提出建議：對於服務社會的僧人（此為新派），應盡力提倡；對於山林辦道僧人（此為舊派），應盡力保護；對於既不能服務社會，又不能辦道山林之僧人，應想出辦法處置；對於專作經懺應赴僧人，應嚴加取締；對於子孫寺院，應有辦法處置；對於受戒，應嚴加限制。弘一法師主張整頓僧制可從浙江省開始著手辦理，然後遍及全國。

由此可見，在當時反佛教的嚴峻局勢下，弘一法師並非一昧地袒護佛門

〔註84〕陳慧劍：〈弘一大師不思議行考〉，《弘一大師論》，頁225～248。

〔註85〕致蔡元培、經亨頤、馬敘倫等（一九二七年舊三月十七日，杭州常寂光寺寺），《弘一大師全集·八》，頁193～194。

僧眾，從他所提出的建議可以知道，弘一法師也認為時下僧眾現狀實在有整頓之必要，但不至於要以驅逐的手段趕出寺院，把寺院收為國有，這是弘一法師要寫這封信給主事者的用意。

除致函這五位委員之外，或許又顧及到尚有數人，因此原本在閉關的弘一法師，為護法故，宣布出關，並透過之前浙師同事堵申甫函約「滅佛」人士到常寂光寺晤面。在《永懷錄》中，姜丹書、錢均夫（顯念居士）、嘯月都曾記述當時的經過。〔註86〕姜丹書於〈弘一大師傳〉中寫道：

> 民國十六年春，杭州政局初變，青年用事，銳氣甚盛，已唱「滅佛」
> 之議，欲毀其像，勒令僧尼相配。是時上人適卓錫於吳山常光寺，
> 倩堵申甫轉邀青年主政之劇烈者若干人，往寺會談，一言微中，默
> 化潛移；先是上人預書佛號若干紙，備贈應約而來之人，乃來人未
> 及所約之數，而紙數適符，若前知者。其最激烈之某君，出而言曰：
> 「時方嚴寒，何來浹背之汗耶！」因此，滅佛之議遂寢。〔註87〕

錢均夫〈悼弘一師〉一文所述，與姜丹書、嘯月所書略同，唯一處記致函堵申甫之言異於二人，今錄陳於次：

> 民十五年（時間誤記，應為十六年），浙省政局未定，異議橫生，尤
> 以對於三寶之毀謗為甚。師適在吳山常寂光寺閉關修持，迨聞有毀
> 寺驅僧之說，乃函告友人堵申甫謂「余為護持三寶，定明日出關」，
> 囑為照所附致之名單，先為約定到寺面談。其名單中所列者，即當
> 日主張最烈，而為師任教一師時之舊生。是日堵君先去代為佈置，
> 來會者雖照名單未全到，逮見師出來，儀態嚴肅，手持親筆所寫字
> 條，分致各人，人各一紙，適符到會人數，堵君頗以為異，而所分
> 致之字條，是否人盡相同，堵君以未寓目，不敢懸揣。惟見到會諸
> 人，各自默視其所交之字條，靜默不言，中有甚至慚汗溢出於面部
> 者（即宣中華），會散，毀寺驅僧之議遂熄，而今日吾杭之寺院幸得
> 保存者，皆賴師當時所召集之一會耳。〔註88〕

據《弘一大師全集‧八‧書信卷》中所收錄的，弘一法師「致堵申甫」的十五通信中，並無一九二七年三月間與堵申甫來往的信件。陳慧劍先生認為，也許

〔註86〕陳慧劍：〈弘一大師不思議行考〉，《弘一大師論》，頁225～248。陳先生誤將
　　　　顯念居士（錢均夫）認作楊白民，今於此作一訂正。
〔註87〕姜丹書：〈弘一大師──傳一〉，《弘一大師永懷錄》，頁315～318。
〔註88〕顯念居士：〈悼弘一師〉，《弘一大師永懷錄》，頁243～244。

當時都在杭州，而且堵申甫是大師住常寂光寺的特定護法，天天見面，一切文物都是當面相託。而姜丹書、錢均夫又是他們上海、杭州時期的老友，這段經過，是堵申甫面告姜丹書、錢均夫、嘯月諸人的，而弘一法師與蔡元培等五人函件，已收入《弘一大師全集》第八卷書信卷。此一史料應無置疑。至於弘一法師寫好的字，與到會人數剛好相合之情況，當是大師對世事人物，有極細微的研判，故能如此，但這卻是一般人辦不到的，於是感到不可思議。〔註89〕

總而言之，弘一法師為維護法門，除致函舊師、舊友推薦人才外，又出關面會浙省當權人物，可見其護教之心切；而僅是分致到會各人一紙字條，即平息毀寺驅僧之議，使浙省寺院免除一場浩劫，更非常人可及。

民國二十六年丁丑（1937）七月七日盧溝橋事變，蔣中正委員長宣布最後關頭已到，要求全國同胞「地無分東南西北，人無分男女老幼」，共同抵抗日軍侵華行動，從此展開長達八年的對日抗戰。〔註90〕

是年四月，弘一法師應倓虛法師之請，至青島湛山寺結夏，安居講律。五、六月間，曾致信李芳遠與胡宅梵，讚歎湛山寺住眾百餘人，殿閣莊嚴，誠一大叢林，並謂已朽衰日甚，將於中秋節後，返廈門掩室念佛，求早生西方。〔註91〕

七月十三日為弘一法師出家首末二十年，時日軍已大舉侵華，手書「殉教」橫幅以明志。〔註92〕此時亦有勸請避難者，蔡丏因在〈廓爾亡言的弘一大師〉中寫道：

> 廿六年，北方戰事爆發，他在青島湛山寺。報上的消息，青島已成

〔註89〕陳慧劍：〈弘一大師不思議行考〉，《弘一大師論》，頁225～248。

〔註90〕李雲漢：《中國近代史》（臺北：三民書局，2002年）第十章「艱苦卓絕的對日抗戰」，頁301～339。

〔註91〕致李芳遠（四三通）·二：「惠書誦悉，至用忻慰。此間風光清勝，可以忘憂。湛山寺住眾百餘人，殿閣莊嚴，誠一大叢林焉。朽人講務之餘，頗閑適。約當中秋節後，即可返廈門也。諸承關念，感謝萬千。謹復，不宣。」（一九三七年舊五月，青島湛山寺）；致胡宅梵（六七通）·六四：「……朽人近來朽衰日甚，約於中秋返廈門掩室念佛，求早生西方。來示所云，愈老實愈穩妥之言，誠然誠然。謹復，不宣。」（一九三七年六月十三日，青島湛山寺），《弘一大師全集·八》，頁236、220。

〔註92〕「殉教」橫幅題記：「曩居南閩淨峰，不避鄉匪之難；今居東齊湛山，復值倭寇之警。為護佛門而捨身命，大義所在，何可辭耶？於時歲次丁丑舊七月十三日，出家首末二十載。沙門演音，年五十有八。」林子青《弘一大師新譜》，頁384，註30。

了軍事上的爭點了，形勢十分緊急，有錢的人都紛紛南下，輪船致於買不到票子，我就急急的寫信去請他提早南來，上海有安靜的地方，可以卓錫。〔註93〕

蔡丏因於戰事爆發之際，寫信勸請避難上海，但弘一法師卻回信寫道：

惠書誦悉。厚情至為感謝。朽人前已決定中秋節乃他往。今若因難離去，將受極大之譏嫌。故雖青島有大戰爭，亦不願退避也，諸乞諒之。〔註94〕

弘一法師為信守約定而不避危難，這種堅毅無畏的態度，令人動容。中秋節後，從之後的書信中得知，要搭何種交通工具前往廈門，與夏丏尊和蔡冠洛商議過。不久，弘一法師安抵廈門，駐錫萬石巖，但此時又逢廈門發生戰亂。為了不讓二人擔心，弘一法師致信寫道：

丏尊、丏因居士同鑒：

廈門近日情形，仁等當已知之。他方有諄勸余遷居避難者，皆已辭謝，決定居住廈門，為諸寺院護法，共其存亡。必俟廈門平靜，乃能往他處也。知勞遠念，謹以奉聞。〔註95〕

從信中可知，弘一法師此時已抱持與廈市諸寺院共存亡之決心。在萬石巖安頓後一個多月期間，可能收到李芳遠、蔡丏因去信勸請移居，故覆信分別寫道：

惠教誦悉，至用感謝。朽人已於九月廿七日歸廈門。近日廈市雖風聲稍緊，但朽人為護法故，不避炮彈，誓與廈市共存亡。古詩云：「莫嫌老圃秋容淡，猶有黃花晚節香。」乃斯意也。吾人一生之中，晚節為最要。願與仁等共勉之。（致李芳遠）

惠書誦悉。時事未平靖前，仍居廈門。倘值變亂，願以身殉。古人詩云：「莫嫌老圃秋容淡，猶有黃花晚節香。」謹復，不具。（致蔡冠洛）〔註96〕

在信中除再次重申與廈市共存亡之志外，引北宋名將韓琦的詩句：「莫嫌老圃

〔註93〕蔡冠洛在〈廓爾亡言的弘一大師〉，《弘一大師永懷錄》，頁249～254。

〔註94〕致蔡丏因（一一〇通）·九一（一九三七年舊七月中旬，青島湛山寺），《弘一大師全集·八》，頁171。

〔註95〕致夏丏尊（一〇〇通）·七一（一九三七年十一月一日，廈門萬石巖），《弘一大師全集·八》，頁135。

〔註96〕致李芳遠（四三通）·三（一九三七年十二月二十三日，廈門萬石巖）；致蔡丏因（一一〇通）·一〇四（一九三八年四月，廈門南普陀寺），《弘一大師全集·八》，頁236、173。

秋容淡，猶有黃花晚節香」，與二人共勉，強調「吾人一生之中，晚節為最要」。
不僅如此，弘一法師更自題室曰：「殉教堂」，以明其志。〔註97〕所幸，在廈門
淪陷前四天（舊曆四月初八），已至漳州講經，故能幸免於難。此從弘一法師
前後寫給豐子愷的信中可以得知：

　　　　廈門變難前四日，朽人已至漳州講經。爾來車路毀壞，一時未
　　能返泉州，故在漳州東鄉瑞竹巖暫住，即在此度夏也。

　　　　近閱明藕益大師集，有詩一首云：

　　　　赤日（日輪之誤）攬作鏡，海水把作盆。照我忠義膽，浴我法
　　臣魂。九死心不悔，塵劫願猶存。為撖虛空界，何人共此輪。

　　　　又讀古人詩云：「莫嫌老圃秋容淡，猶有黃花晚節香。」朽人近恆
　　發願，願捨身護法（為壯烈犧牲），不願苟且偷安獨善其身也。〔註98〕

儒家之仁人志士最重氣節，能為大義而捨身；佛教亦有「為法亡軀」的捨身思
想；〔註99〕值此國難當頭，戰亂四起，其標菊勁節，為護教能殉身，儒佛人格
精神兩在其身之表現，令人敬佩。

　　民國二十七年戊寅（1938）五十九歲，正月赴泉州，住承天寺。三月一日
講《華嚴經》大意於清塵堂，並切囑緇素弟子讀誦《普賢行願品》十萬遍，以
此功德迴向國難消除，民眾安樂。眾感公誠，十萬遍《行願品》文字非常多，
卒於十二個月工夫完成。弘一法師又一面發願書寫華嚴偈頌，共同迴向。葉青
眼讚其愛護國族作風，迥非常情所可測度也。〔註100〕

　　民國三十年辛巳（1941）六十二歲。是冬，泉州大開元寺結七念佛，時
值抗戰期間，師為書「念佛不忘救國，救國必須念佛」警語（圖27），以策
勵之，於題記中明白說明救國念佛實二而一之理，並多次書寫分贈，以相警
策。〔註101〕

　　弘一法師未出家前傷時憂國之情多形諸於詩詞，又以實際的行動響應維
新運動，出家後值此對日抗戰時期，提出「念佛不忘救國，救國必須念佛」以

〔註97〕僧睿：〈弘一大師——傳二〉，《弘一大師永懷錄》，頁319～324。
〔註98〕致豐子愷（二三通）‧一五（一九三八年舊五月十一日，漳州瑞竹巖），《弘一
　　　　大師全集‧八》，頁190。
〔註99〕聖嚴法師著，釋會靖譯：《明末中國佛教之研究》（臺北市：法鼓文化，2009
　　　　年），頁323～332。
〔註100〕葉青眼：〈千江印月集〉，《弘一大師永懷錄》，頁285。
〔註101〕楊勝南：〈悼弘一大師〉，《弘一大師永懷錄》，頁278；葉青眼：〈千江印月集〉，
　　　　《弘一大師永懷錄》，頁285。

相警策，改變了自唐宋以來中國佛教界「末法」之悲觀意識，即認為佛教將一衰再衰，是佛經中佛之預言，乃眾生共業所感，無可奈何，只有隨緣任運或急急念阿彌陀佛以求生極樂世界了事。〔註102〕弘一法師之提倡，改變念佛人之消極態度，也為近代中國佛教之復興作出了貢獻。

圖27　1940年，61歲，書「念佛不忘救國，救國必須念佛」警語以策勵之

出處：《弘一法師書法集》

第三節　人格特質

　　從上述李叔同出家前與出家後的一些事蹟，可看見在李叔同身上所展現出來的人格內涵，在中國古代三種基本人格模式裏，是以儒家文化人格為主，貫串至其出家為僧，且出家後透過對佛法之修學與行持，亦具有佛家文化人格，如提倡戒殺護生、護教念佛等等，換句話說，弘一法師李叔同之思想價值觀和行為準則，是兼有儒家與佛家之文化人格。

　　人格在與人交往之際、從適應環境時所採取之行為中會顯現出來，其給予人之觀感即是人格特徵、特點，西方心理學稱之為人格特質，為人格理論中之特質學派所提出的特質論，認為內在抽象的特質是組成人格之基本單位，在人生活的各種情境中表現出來，具有穩定性、獨特性，且視人格為人格特質的整體表現。〔註103〕其實特質學派對人格特質之解釋，亦符合人格初始以「面具」所定義，具有內隱性與外顯性的兩大特點，特質論所謂的特質即是內隱性，內在特質之行為表現即是外顯性，具有穩定性、獨特性、一

〔註102〕陳兵、鄧子美合著：《二十世紀中國佛教》，頁35。
〔註103〕Jerry M. Burger 著；林宗鴻譯：《人格心理學》，頁5～6。

致性。〔註104〕因此，李叔同的人格特徵，是給予人之觀感，即人格特質。

　　關於弘一法師的人格特質，在文獻探討中已提到，陳慧劍在〈弘一大師音容綜論〉中指出，具有「誠」、「清」、「慈」、「嚴」之人格特色；李璧苑〈試探弘一大師書信稿中的人格風範〉一文，則從書信稿中歸納出四點人格特質：「謙沖為懷，常不輕者」、「標菊勁節、儒佛風範」、「君子之交，其淡如水」、「心存感恩，不空受惠」。李敏榮〈弘一大師的人格特徵初探〉一文，運用心理傳記法研究，分析出四個特點：嚴謹認真、質樸大度、穩重善良、慈悲睿智。

　　此節藉由懷念追思性質文章，整理弘一法師李叔同給予人之觀感，配合觀察其一生面對政局動盪、社會文化變遷而有之作為，大致列舉幾點，為上述學者所舉出的人格特質作一補充，今分述如下：

一、外形觀感

　　在《弘一大師永懷錄》中有幾篇文章，用具體的辭彙來形容弘一法師在外形上，給予自己的觀感：

> 細長的身材，……蒼白而瘦長的面部，雖然兩頰頷下滿生著短鬚，但掩不住他那清秀神氣和慈悲和藹的姿態。
>
> ——火頭僧〈弘一律師在湛山〉

> 似雪的長鬚，瘦得如蒼松般……在很靜穆的面中微露出他的笑容，毫無躁忿地續動念珠，卻一面與我談著，那種飄逸的神態，正和他的書法一樣，清絕人間，毫無矜才使氣的煙火。
>
> ——李芳遠〈送別晚晴老人〉

> 布衲芒鞋，赤足露頂，體貌清癯瘦削，而精神有餘。望去如野鶴之伴孤雲，蒼松之植幽壑。動止安詳，威儀寂靜，深得古人平實之風。
>
> ——震華〈悼弘一大師〉

> 那和藹清白的面龐，和瘦怯怯的身材，上下唇有一寸餘的鬍了，那是永記在我腦海裏的。……法師立在講壇上，好似一位活羅漢，風骨灑脫，那尊莊、慈悲，親切，和善的可敬可親容相，人人見了都有一種不可思議的印象，法師發出那鏗鏘的音聲，好似奏出極幽美

〔註104〕黃堅厚：《人格心理學》（臺北：心理出版社，1999），頁 7～9、11～13。

的歌曲。

——開達〈記念弘一法師——死〉

我看他那種飄逸的神態，真是清絕人間，毫無一點煙火氣。

——覺星〈我最敬仰的弘一上人〉

清癯的面龐，老是帶著和善的笑容，像傍晚柔暈的陽光的可愛，他的心懷永遠是安詳謙虛，盎和恬適，絕沒有一絲不得意的神氣或怫然的辭色。

——許霏〈我憶法師〉

先生的儀態，平靜寧謐，慈和親切，但望之卻又莊嚴可敬。

——傅彬然〈憶李叔同先生〉

弘一律師，清癯如鶴，語音如銀鈴，……內人也見到他，於他去後曾說：「聽到他的話聲，見到那崢嶸的頭角，就知道這是一位高僧。」

——內山完造〈弘一律師〉

禪房矮小，光線幽暗，房內佈置整齊妥貼，大多東西都呈著清潔的淡灰色：這裏沒有一點灰塵，也無一點聲音。法師面部清癯，兩眼若開若閉，口含慈祥的笑，在正襟危坐著，態度莊肅，顯露慈威：在這樣嚴淨的環境中，像一位道地的活菩薩。……我很愛聽法師講話。他聲音的高低，正合鋼琴上 C 調的音。他講話：語調自然，表情純摯，咬字清楚，國音準確。當他講話時，我好像聽到一位老劇人唸臺詞。他每句話中的每一個詞，好像經過洗鍊，而合於修辭學的某種辭格。

——黃福海〈弘一法師與我〉

人是清癯的，身裁適中，可是因為清癯的緣故，在我的目中顯得高，……目光是清湛的，無絲毫垢滓，更不含絲毫嗔怒之意。……語聲是清越的，無論在上課時，在日常相見時，他的說話總是那末輕緩，可是又那末有力，能使聽者澈於耳，入於心。至於容止氣度，真是一清如水……身上布衣一襲，淨無微垢；室中明窗淨几，潔無纖塵。……溫溫穆穆，從無疾言厲色。……安然謐然，從不遑遽惑

亂，……泊然恬然，我不曾見他有過得失之色，羨慕之容。

　　　　　　　——朱叔文〈憶李叔同先生——弘一大師〉〔註105〕

從上述開列的十篇回憶文章中對弘一法師外在形象的描寫，筆者大致分作以下幾點做一歸納整理：

（一）身　形

「清癯」是較多人用來形容弘一法師的外形，「癯」是瘦的意思，清癯即是清瘦，所以震華用「清癯瘦削」來形容體態是較為精確，而且不是病懨懨地，是精神有餘，加上身材修長，在形象上多以「野鶴」、「蒼松」來作譬喻。

（二）面　容

臉龐是蒼白、清白的，目光是清湛，無絲毫垢滓，更不含絲毫嗔怒之意。頭角崢嶸，上下唇有一寸餘的短鬚，常帶著和善的笑容，像傍晚柔暈的陽光般地可愛，給人以和藹、親切、慈祥的感受。

（三）音　聲

說話的聲音像銀鈴，形容聲音清脆、好聽，黃福海更精準的指出弘一法師說話聲音的高低，正合鋼琴上 C 調的音，而且咬字清楚，國音準確，像一位老劇人唸臺詞，是經過洗鍊，合於修辭學的某種辭格。說話是輕緩而有力，能使聽者澈於耳，入於心。

（四）儀　態

儀態或容止氣度是指弘一法師在整體上給人的觀感，朱叔文認為弘一法師有一股「清」的特質，如水一般的潔淨，表現在身上的一襲布衣，潔淨無垢，所待的禪房，窗明几淨，沒有一點灰塵，也無一點聲音。在神情上，寧靜溫和，慈祥親切，無疾言厲色，不遑遽惑亂；在態度上，泊然恬然，不曾見過得失之色，羨慕之容。他的心懷永遠是安詳謙虛，盎和恬適，讓人望之莊嚴可敬。

以上所列舉弘一大師給予人之外在的觀感，筆者以為可以民國二十六年丁丑（1937）攝於上海之照片作為對照參考，以感受弘一法師給予人之觀感。（圖28）

〔註105〕所開列的十篇文章之片段，出自於《弘一大師永懷錄》（收錄於《弘一大師圓寂六十二周年紀念文集》），頁碼依序是：203、209、222、236、238、270、272、294～295、282～283、254～255。

圖28　1937年，58歲，弘一法師由青島返回福建，
　　　攝於上海，時正烽火連天而青島猶未陷也

出處：facebook，弘一大師弘法資料平台

二、凡事認真

　　豐子愷認為他的老師李叔同，為人崇敬之背景在於人格，並在〈為青年說弘一法師〉一文中指出其人格的最大特點：

　　　　李先生一生的最大特點是「凡事認真」。他對於一件事，不做則已，
　　　　要做就非做得徹底不可。……在上海南洋公學讀書奉母時，他是一個
　　　　翩翩公子。當時上海文壇有著名的滬學會，李先生應滬學會徵文，名
　　　　字屢列第一。從此他就為滬上名人所器重，而交游日廣，終以「才子」
　　　　馳名於當時上海。……我曾在照片中看見過當時在上海的他：絲絨碗
　　　　帽，正中綴一方白玉，曲襟背心，花緞袍子，後面掛著胖辮子，底下
　　　　綴帶扎腳管，雙梁厚底鞋子，頭抬得很高，英俊之氣，流露於眉間。
　　　　是光緒年間上海最時髦的打扮。……真是當時上海一等的翩翩公子。
　　　　這是最初表示他的特性：凡事認真。他立意要做翩翩公子，就徹底的
　　　　做個翩翩公子。……李先生在日本時，是徹頭徹尾的一個留學生。我
　　　　見過他當時的照片：高帽子、硬領、硬袖、燕尾服、史的克（手杖）、

尖頭皮鞋，加之長身、高鼻，沒有腳的眼鏡夾在鼻梁上，竟活像一個
西洋人。這是第二次表示他的特性：凡事認真。學一樣，像一樣。要
做個留學生，就徹底的做個留學生。他回國後，……已由留學生變為
「教師」。這一變，變得真徹底：漂亮的洋裝不穿後，卻換上灰色粗
布袍子、黑布馬褂、布底鞋子。金絲邊眼鏡也換了黑的鋼絲邊眼
鏡。……布衣布鞋的李先生，與洋裝時代的李先生、曲襟背心時代的
李先生，判若三人。這是第三次表示他的特性：認真。……有一天，
他決定入大慈山斷食，……學道就斷食十七日，也是他凡事認真的表
示。但他學道的時候很短。斷食以後，不久他就學佛。……再去望他
時，他已光著頭皮，穿著僧衣，儼然一位清癯的法師了。……如上所
述，弘一法師由翩翩公子，一變而為留學生，又變而為教師，三變而
為道人，四變而為和尚。每做一種人，都十分像樣。好比全能的優伶：
起老生像個老生，起小生像個小生，起大面又很像個大面……都是
「認真」的原故。〔註106〕

豐子愷認為「凡事認真」是老師一生的最大特點，並從李叔同一生四種身份
的變換來談論。其敘述皆先是對每一種身份概述其經歷，最後聚焦在其穿著
打扮上，文末總結以優伶作譬喻，全能地扮起人生四種不同的角色，而且每
個角色都演得很到位，很徹底。之所能如此，追究其原因，就是「認真」。
由此可見，豐子愷是用「認真」二字來貫串老師李叔同的一生，其之所以能
有諸多成就，皆因「認真」而致。換句話說，李叔同一生之所作所為，一言
以蔽之，認真。

　　關於李叔同凡事認真的人格特質，還可在馮藹然〈憶畫家潘天壽〉一文中
見到，回憶李叔同當年受聘於浙江一師兼課的故事：

經校長以留日同學情誼，懇李來兼任美術、音樂，他提出設備條件，
是每個學生有一架風琴，繪畫室石膏頭像、畫架等不能有缺。校長
以為在學校缺錢、市上缺貨的情況下，風琴每人一架的要求，實嫌
過高。李叔同先生的答覆是同學出去要教唱歌，不會彈琴不行，教
授時間有限，練習全在課外，「你難辦到，我怕遵命」。經校長想盡
辦法，弄到大小風琴二百架（夠要求的半數），排滿在禮堂四周、自

〔註106〕豐子愷：〈為青年說弘一法師〉，《豐子愷文集6　文學卷二》，頁146～152。

修室、走廊上，再請他來看過。〔註107〕

李叔同對教學設備的要求是每個學生有一架風琴，繪畫室的石膏頭像、畫架等不能缺，這儘管不是學校缺錢、市上缺貨的情況下，也是不容易辦到，而且浙江一師並非藝術學校，圖畫、音樂課只是眾多科目之一，需要如此齊全的教學設備嗎？從李叔同的答覆可以知道，這麼做才能讓學生會彈琴，出去能教唱歌，而且還要利用課外時間練習。由是可知，其對教學設備的嚴格要求，和對學生日後畢業後能否去學校教唱歌，是用十分認真的態度對待著。

經校長想盡辦法儘量滿足李叔同的要求，而李叔同在教學方面的付出，豐子愷在另一篇文章中說道，老師的教育精神是「認真的，嚴肅的，獻身的。」〔註108〕他說起當年的教學情形，李先生上一小時的課，預備的時間恐怕要半天。為妥善運用五十分鐘的時間，他預先在特制的雙重黑板上寫好要上的內容，因此，每次上課鈴未響，李先生早已端坐在講臺上「恭候」學生。鈴聲一響，李先生站起來一鞠躬，就開始上課。上課時常常看錶，精密的依照所預定的教案進行，一分一秒鐘也不浪費，足見他的備課很費心力和時間。但圖畫、音樂是需要課外的練習時間，而且在性質上都需要個別教學：

> 吃早飯以前的半小時，吃午飯至上課之間的三刻鐘，以及下午四時以後直至黃昏就睡──這些都是圖畫音樂的課外練習。……所以學生在課外按照排定的時間輪流地去受教，但李先生應是「觀音齋羅漢」，有時竟一天忙到夜。我們學生吃中飯和夜飯，至多只費十五分鐘，因為正午十二點一刻至一點，下午六點一刻至七點，都是課外練習時間。李先生的中飯和夜飯必須提早，因為他還須對病發藥地預備個別教授。李先生拿全部精力和時間來當教師，李先生的教育精神真正是獻身的！這樣，學生安得不崇敬他，圖畫、音樂安得不被重視？〔註109〕

通過豐子愷對李叔同教學情形的敘述，不論是備課與對學生課外練習的個別教授，都是十分用心並且不辭辛勞，從他中午不休息，中飯和夜飯都要提早，對學生又個別指導，可說是以獻身的精神在從事教學工作，不保留餘力，從而使學生崇敬，就如同夏丏尊所說地，使一向被學生所忽視的圖畫、音樂科，忽

〔註107〕林子青：《弘一大師新譜》，頁134～135。
〔註108〕豐子愷：〈李叔同先生的教育精神〉，《豐子愷文集6　文學卷二》，頁542。
〔註109〕豐子愷：〈李叔同先生的教育精神〉，《豐子愷文集6　文學卷二》，頁543。

然被重視起來，課餘但聞琴聲歌聲，假日常見學生出外寫生。〔註110〕

　　由這幾則事例可知，凡事認真是李叔同人格的一大特點。出家後，從其寫經、弘揚律學等事蹟，皆可看見他凡事認真的態度，如同豐子愷所言，決定做一件事，不做則已，要做就非做得徹底不可。

三、誠信篤行

　　承上文對弘一法師「認真」的人格特質之表述中，豐子愷在〈為青年說弘一法師〉一文裏，例舉兩個例子說明弘一法師對戒律持守的認真態度，不過筆者倒是認為，這兩個例子，一個可歸類於「誠信」之人格特質，另一個則可視為「慈愛護生」之人格精神表現；今節錄於下：

> 舉一例說：有一次我寄一卷宣紙去，請弘一法師寫佛號。宣紙很多，佛號所需很少。他就來信問我，餘多的宣紙如何處置。我原是多備一點，由他隨意處置的，但沒有說明，這些紙的所有權就模糊了，他非問明不可。我連忙寫回信去說，多餘的紙，贈與法師，請隨意處置。以後寄紙，我就預先說明這一點了。又有一次，我寄回件郵票去，多了幾分。他把多的幾分寄還我。以後我寄郵票，就預先聲明：多餘的郵票送與法師。諸如此類，俗人馬虎的地方，修律宗的人都要認真。有一次他到我家來。我請他藤椅子裏坐。他把藤椅子輕輕搖動，然後慢慢地坐下去。起先我不敢問，後來看他每次都如此，我就啟問。法師回答我說：「這椅子裏頭，兩根藤之間，也許有小蟲伏著。突然坐下去，要把它們壓死，所以先搖動一下，慢慢地坐下去，好讓它們走避。」讀者聽到這話，也許要笑，但這正是做人認真至極的表示。模仿這種認真的精神去做社會事業，何事不成？何事不就？〔註111〕

對於多餘的宣紙、郵票，會特地來信詢問如何處置或是寄還，這是豐子愷認為李師認真的表現，即使這麼微小的事物也慎重對待。其實，這不僅是弘一法師這般對待豐子愷，在寫給友生的一千多封信中，書信內容凡是談到各類費用者常能見到，這類費用主要用於購買經書、出版經書、交通費、醫藥費及購買宣紙、顏料、筆硯等費用上，弘一法師會在信中說明乞請之原因、使

〔註110〕夏丏尊：〈弘一法師之出家〉，《弘一大師永懷錄》，頁190～191。
〔註111〕豐子愷：〈為青年說弘一法師〉，頁151。

用方式，多餘如何處置或詢問對方意見，一方面可看見他對友生惠施善款的感激與尊重，另一方面也看見弘一法師不分費用多少、用途大小，皆以嚴謹認真的態度處理，這同時也是儒家誠信的表現。至於第三件例子，不僅是對佛教不殺生之戒律的認真奉行，而且似乎已成為日常習慣很自然地表現在生活中，令人見識到弘一法師對戒律持守之修為，同時這也是慈愛護生之人格精神的表現。

　　不過，留日時的李叔同對誠信的態度，除了自我要求外，更是表現在責求別人的行為上。在歐陽予倩〈春柳社的開場、兼論李叔同的為人〉之回憶中，讓人見識到李叔同的脾氣：

> 自從他演過「茶花女」以後，有許多人以為他是個很風流蘊藉有趣的人，誰知他的脾氣，卻是異常的孤僻。有一次他約我早晨八點鐘去看他——我住在牛込區，他住在上野不忍池畔，相隔很遠，總不免趕電車有些個耽誤，及至我到了他那裡，名片遞進去，不多時，他開開樓窗，對我說：「我和你約的是八點鐘，可是你已經過了五分鐘，我現在沒有功夫了，我們改天再約罷。」說完他便一點頭，關起窗門進去了，我知道他的脾氣，只好回頭就走。……像息霜這種人，雖然性情孤僻些，他律己很嚴，責備人也嚴，我倒和他交得來。我們雖好久不見面，常常總不會忘記。〔註112〕

遵守與人約定的時間，準時赴約，可以說是儒家「誠信」的表現。不過，李叔同對誠信之執著可說是到了不近人情的地步，只是遲到五分鐘，就改天再約罷，關起窗門進去了。此時的李叔同正如歐陽予倩所說者：律己很嚴，責備人也嚴。

　　另外李叔同對守時之重視，也在劉質平的回憶中得知：

> 回憶民元冬季，天大雪，積尺許。余適首作一曲，就正於師。經師細閱一過，若有所思，注視余久，余愧恧，幾置身無地。師忽對余言：「今晚八時三十五分，赴音樂教室，有話講。」余唯唯而退。屆時前往，風狂雪大，教室走廊，已有足跡，似有人先余而至。但教室門閉，聲息全無。余鵠立廊下約十餘分鐘，室內電燈忽亮，門啟師出，手持一錶，言「時間無誤，知汝嘗風雪之味久矣，可去也！」

〔註112〕林子青：《弘一大師新譜》，頁93～95：歐陽予倩〈春柳社的開場、兼論李叔同的為人〉。

余當時不知所以，但知從此師生之情義日深。〔註113〕

李叔同為什麼要在細閱過劉質平所作曲子後，與他約定時間見面再談，這當中原因無法知道。或許可以這麼推測，李叔同在細閱劉質平所作曲子之後，知道是個有音樂天賦的人才，只是這個人的品行如何不可得知，在李叔同向來以「器識為先」的教育理念之下，肯定要做一番試探，於是在這麼惡劣的天氣下，與他約定時間，指明幾點幾分，明顯可知，李叔同應當是認為從一個人能否守時這件小事上，就可以判定這個人誠信與否，至少在態度上是否重視誠信能看得出來。就好像當年黃石公試探張良一樣，先是故意掉落鞋子要他撿起還要替他穿上，考驗他的脾氣與度量，之後兩次黃石公與他約五日後平明見，兩次都是黃石公比張良先到，被黃石公斥責，第三次張良索性從夜未過半就等在那裏，待黃石公到時喜曰：「當如是」，將《太公兵法》相贈，造就了張良。〔註114〕李叔同亦然，劉質平果然不負所望。之後，李叔同開始利用課餘時間輔導劉質平和聲學及作曲法，並介紹至美籍鮑乃德夫人處學鋼琴。日後，師生情義日深，如同父子。〔註115〕

　　李叔同既重視誠信必定篤行，這從他教夏丏尊自殺一事可見其態度。夏丏尊在〈弘一法師之出家〉一文中說道：

　　　　他的力量，全由誠敬中發出，我只好佩服他，不能學他。舉一個實例來說，有一次寄宿舍裏學生失少了財物了，大家猜測是某一個學生偷的，檢查起來，卻沒有得到證據。我身為舍監，深覺慚愧苦悶，向他求教。他所指教我的方法，說也怕人，教我自殺！說：「你肯自殺嗎？你若出一張布告，說作賊者速來自首，如三日內無自首者，足見舍監誠信未孚；誓一死以殉教育。果能這樣，一定可以感動人，一定會有人來自首。——這話須說得誠實，三日後如沒有人自首，真非自殺不可，否則便無效力。」

　　　　這話在一般人看來是過分之辭，他說來的時候，卻是真心的流露，並無虛偽之意。我自愧不能照行，向他笑謝，他當然也不責備我。〔註116〕

〔註113〕《弘一大師全集・十》，頁108。
〔註114〕〔漢〕司馬遷撰；〔唐〕張守節正義、司馬貞索隱；〔宋〕裴駰集解：《史記・留侯世家》，頁2034～2035。
〔註115〕孫繼南：〈弘一大師與劉質平的因緣〉，《弘一大師有關人物論文集》，頁142。
〔註116〕夏丏尊：〈弘一法師之出家〉，《弘一大師永懷錄》，頁190～191。

李叔同指教夏丏尊的辦法，換作舍監是李叔同，肯定是會照做的。這可以從夏丏尊將日本雜誌所記載的斷食法介紹給李叔同，約莫過了一年後，李叔同竟獨自去實行斷食，夏丏尊問他：「為什麼不告訴我？」李叔同笑說：「你是能說不能行的，並且這事預先教別人知道也不好，旁人大驚小怪起來，容易發生波折。」〔註117〕由是可知，李叔同是「能說能行」，是誠信的表現，他教夏丏尊的方法，換作是他，肯定會照做。

從上述幾則事例可以看見，誠信篤行是李叔同的人格特質，不論在家或出家，具有一致性之表現。

四、行勝於言

行勝於言的人格特徵，筆者是從生平事蹟作觀察，再留意其一生的著作論述而有的體會。李叔同生逢傳統中國轉變為近代中國的變革時代，為抗擊西方和日本，中國屢戰屢敗，備受屈辱，不少有識之士如魏源（1794～1857）、龔自珍（1792～1841）等人為挽救國家頹勢，紛紛提出變革主張，尤其是中日甲午戰敗後中國面臨被瓜分的命運，救亡圖存之呼聲迫切，先是以孫中山（1866～1925）為代表的資產階級革命派，欲徹底推翻滿清政府，發起一系列秘密的革命活動。繼有康有為為代表的改良派，總結洋務運動的經驗教訓，學習和引入西方的政治、經濟和教育制度，欲依靠封建皇帝變法維新，實行制度層面的變革。

面對當時的政治局勢，李叔同是贊成維新變革，從其十九歲天津縣學課卷時文及自刻一方「南海康君是吾師」的印章可以得知，除此之外，幾乎找不到李叔同對當時政治形勢，或附和或倡導維新變革之相關言論、主張。而對於天津減各書院獎賞銀歸洋書院之議，也是開始請人教算術及洋文，沒有什麼評論之言。在南洋公學就讀期間，為使國人具備法律觀念，懂國際願則，得以改正條約，挽救國家前途，李叔同不是發表相關法學知識來提倡，而是翻譯日書《法學門徑書》和《國際私法》。

遭南洋公學退學風潮後，雖一度沉迷聲色，但不久後加入滬學會，當時詩界、文界、小說界雖在戊戌維新運動時期得到變革，但戲劇界依舊陳腐，對新戲的倡導有梁啟超在《新民叢報》發表新戲劇本，柳亞子等人創辦《二十世紀大舞台》期刊，而李叔同則撰寫《文野婚姻新戲冊》宣揚婚姻自由，為戲劇革

〔註117〕〈弘一法師之出家〉，頁191。

新作出貢獻。

　　而在戊戌維新運動時期，康有為提出於新式學校中普及音樂教育，於小學課程設「歌樂」一門。先有沈心工編《學校唱歌集》在南洋公學附屬小學任課教唱歌，繼有曾志忞編《教育唱歌集》，而李叔同亦編《國學唱歌集》，以音樂形式來弘揚國粹，為音樂教育貢獻己力。二十六歲，母親辭世，辦文明喪禮，改革舊喪儀。

　　以上，皆可視為李叔同對維新運動的實際行動，為變革投注心力，沒有任何大聲疾呼的言論，或發表於報紙、期刊的文章，以教化人心、影響大眾。

　　留日期間，在《醒獅》雜誌介紹西方圖畫法、水彩畫法，又創辦《音樂小雜誌》介紹西方、日本的音樂知識，這些作為皆是在傳播繪畫、音樂的藝術技能，無涉於藝術理論。楊曉文、張恒悅在〈論李叔同的藝術觀〉一文中提到，李叔同不像王國維有其美育理論《論教育之宗旨》，亦不像其師蔡元培有「美育代宗教」說，在其一生的著作中，找不到藝術理論的著作，只有相關藝術知識、技能之文章或演講記錄。這箇中原因，在分析幾篇李叔同的詩文、自序、歌曲之後指出，李叔同認為，藝術的技能有助於智育、德育、體育的發展，祇有掌握各種技能，民眾個人的智育、德育和體育素質才能得到全面的提高，國家的工藝水平才能改善，從而達到富國強民的目的。以藝術濟世救民，是李叔同從事藝術的重要動機。因此，從李叔同回國後一系列的活動，以至任教於杭州浙江兩級師範學院，皆屬於藝術實踐範圍，與藝術理論無涉。〔註118〕

　　之後，斷食試驗、皈依出家，一旦弄明白、有所決定了，便是驀直行去，並做出成績來，「知行合一」的儒家教養，在李叔同身上落實。

　　出家後的弘一法師，一樣在佛經的教義上沒有著作，但凡所留下的文章、演講記錄，多是與自己的研讀次第、修學心得、改過經驗等有關，對於律學、經典義理，是從事資料搜集、彙整之工作，有所見解往往是引述古德先賢之語以註明，沒有自己的創見，與孔子「述而不作」的態度相同。

　　以上種種，皆可見弘一法師是一位默默於行持，少有言說，與其未出家前一致，且其「行勝於言」之人格特質具有獨特性，而為世人所敬仰追思。

〔註118〕楊曉文、張恒悅：〈論李叔同的藝術觀〉，《弘一大師藝術論》，頁286。